Raimo Gareis

Dampflok Alltag

387043

Raimo Gareis

Dampflok Alltag

KRONE

Die Deutsche Bibliothek-CIP-Einheitsaufnahme

Dampflok Alltag

1. Auflage 1998

Printed in Germany

Herausgeber: Dieter Krone, Leichlingen/Rhld.
Konzept: Dr. Raimo Gareis, Oberschützen/Bgld.
Layout, Satz und Gestaltung: Dr. Raimo Gareis, Oberschützen/Bgld.
Druck: Uhl-Druck, Radolfzell/Bodensee

Bildnachweis:
Seite 2 und über Klappentext: Dr. Miloslav Stibor, Olomouc/Tschechien,
Seite 130, Bild 243: Angelika Prikryl-Gareis, Oberschützen/Bgld.
Die beiden Bildfahrpläne wurden dem Autor freundlicherweise von den Generaldirektionen der ÖBB und der GySEV anläßlich seiner Ausstellung *Dampflokomotiven* im Westbahnhof Wien im August 1976 für sein Bahnarchiv übergeben.
Alle anderen Bilder stammen vom Autor.

ISBN 3-933241-05-7

Inhalt

2

Vorwort
Abschied von der Dampftraktion an 15 Strecken in Europa und Übersee

1971. Die Dampftraktion geht weltweit einem deutlich absehbaren Ende entgegen. In Europa und Übersee. Das wird immer mehr Menschen ganz plötzlich bewußt. Menschen, die vor allem durch diese Erfindung des 19. Jahrhunderts eine Mobilität gewannen, von denen vergangene Generationen nur träumen konnten.

Noch gab es sie, die Dampflok, dieses *Dampfroß*, das Generationen von Kindern zuerst Schrecken einjagte, schnell aber zum Lieblingsspielzeug, zum Inbegriff einer Traumwelt wurde, die in den Wunsch so vieler Jungen mündete, einmal als Erwachsener Lokomotivführer zu werden.

Was aber machte den Reiz dieser Dampfmaschine auf Rädern aus der Stunde Null des Zeitalters, das wir heute rückblickend zu recht das Technische nennen, denn nun eigentlich wirklich aus?

Der Zauber der Dampflokomotive hatte viele Aspekte. Da war zuerst einmal die rein technische Erscheinung. Gewaltig in ihren äußeren Maßen. Mechanische und thermodynamische Kräfte, die man sehen, hören und riechen konnte. Und – ganz im Gegensatz zu den heutigen „Black Boxes" des Computerzeitalters, deren Inneres dem Verständnis der meisten Zeitgenossen verborgen bleiben muß – eine einfach zu durchschauende Technik, deren Wirkungen man noch direkt beobachten und beurteilen konnte, die noch „man-readable" war.

Aber das war nur die äußere Erscheinung. Bei näherer Betrachtung der Lokomotiven gewannen sie über das rein technische hinaus ein Eigenleben, das uns Menschen vertraut erschien. Dampflokomotiven ächzen bei starker Belastung. Der typische Auspuffschlag erscheint wie das Atmen eines vorsintflutlichen Ungeheuers. Die Pumpen zischen und gurgeln, die Dampfpfeifen geben ähnliche, aber nie ganz identische Signale von sich. Dampflokomotiven erschienen uns wie lebende Wesen, denen wir zu gern unseren Willen aufzwingen wollten. So haben sie uns viele Jahrzehnte unseres Lebens ganz selbstverständlich begleitet. Und das sollte sich jetzt alles schon bald ändern?

Und noch ein Aspekt darf nicht vergessen werden. Es ist der Inbegriff der alten Eisenbahn für Pünktlichkeit, für Präzision, für Sicherheit. Aber auch für die Sehnsucht nach der Ferne, das Heimweh nach zuhause. In einer Zeit, in der die Vollmotorisierung der Bevölkerung sich allenfalls als Wunschvorstellung abzeichnete, stand die Eisenbahn für Fortschritt, für die Fähigkeit des technisch orientierten Menschen, alle Probleme lösen zu können.

Die Qualität der Zeit war im Begriff, sich schnell und radikal zu wandeln. Das letzte Relikt aus der Anfangszeit eines schnell verschwindenden Zeitalters sollte mit ihm entschwinden.

Solche Aussichten ließen bei uns Eisenbahnfreunden die Alarmglocken schrillen. Was stand auf dem Spiel, was ließ sich aus der alten Zeit in die Zukunft hinüberretten? Wie sich schnell zeigen sollte: wenig, allzu wenig. Allerorts wurden die letzten Dampfloks als Denkmäler – meist schlecht gepflegt – aufgestellt. Kein optimaler Weg. Schnell bildeten sich Vereine von Eisenbahnfreunden, die versuchten, letzte Exemplare der geliebten Dampflok in fahrbereitem Zustand zu erhalten und einen kleinen Museumsbetrieb zu organisieren. Und nur langsam begriffen die Bahnverwaltungen, welchen Schatz an technischem Material sie gerade im Begriffe waren zu verschrotten und damit für immer zu vernichten. Spät, aber gerade noch nicht zu spät gelang es, einen Restdampfbetrieb zu bewahren, der schnell zur Touristenattraktion heranwuchs. Das meiste unseres technischen Kulturerbes war aber längst verschwunden.

Vor allem der Alltagsbetrieb der alten Eisenbahn konnte nur noch aus der Erinnerung erzählt werden. Hier aber soll dieses Buch wertvolle Unterstützung gewähren. Der Autor setzte sich das Ziel, als Bildberichter von 15 Schauplätzen der Dampftraktion mit Hilfe von ausgesuchten Fotos die Trivialität aber auch den Zauber des Alltags der Eisenbahn vor Ihren Augen wieder erstehen zu lassen. Wenig aufregende stehen neben faszinierenden Momenten. Noch einmal erleben wir gemeinsam den Alltag der dampfgeführten Züge.

3

Dampflok Alltag
Faszinierende Erlebnisse und Eindrücke aus einer vergangenen Zeit

Dampflok Bilder und Dampflok Bücher gibt es in sehr großer Zahl. Warum also noch ein weiteres Werk dieser Bücherlawine hinzufügen?

Zuerst einmal, um aus meiner sehr großen Zahl von bisher noch unveröffentlichten Dampflokfotos besonders typische und ausdrucksstarke auszusuchen und einer breiteren Öffentlichkeit nicht länger vorzuenthalten. Der Fundus an bisher noch nicht gesehenen Bildern der ausklingenden Dampflokära ist praktisch längst ausgeschöpft und in den verschiedensten Publikationen präsentiert. Schon deswegen lohnt sich ein Blick in mein Bahnarchiv.

Wichtiger aber scheint mir zusätzlich der Versuch, einmal 15 beispielhafte Strecken und Zentren des Alltagsbetriebs der Dampftraktion zusammen mit den Lesern in Gedanken aufzusuchen und noch einmal – gewissermaßen mit mir als „Bärenführer" – den Reiz der vergangenen Zeit vor unserem Auge Revue passieren zu lassen.

Welche Strecken und Dampflokzentren habe ich für diese Tour in die Vergangenheit für uns ausgesucht? Fünf deutsche Strecken, die Anfang der 70er Jahre noch weitgehend in der Hand der Dampfloks waren. Fünf österreichische Zentren der Dampftraktion, davon zwei Privatbahnstrecken. Je einen Abstecher nach Italien und Polen. Und die Suche nach europäischen Dampfloks bei den südafrikanischen und indonesischen Staatsbahnen. Und zuletzt habe ich gemogelt: Dampf in Neuseeland. Scheinbar echt und doch nur ein Spiel von erwachsenen Eisenbahnfreunden. Aber dieses Spielen mit der Eisenbahn gab es auch in Europa – mit Regelzügen.

Im einzelnen führe ich Sie zu Beginn in die deutschen Landen. Auf der Kursbuchstrecke 280 der DB, der Emsland-Rennstrecke der letzten Schnellzug-Dampfloks der DB, werden wir Tage verbringen und D-Züge des Bäderverkehrs zu den Nordseeinseln genauso an uns vorbeirasen lassen, wie Erzzüge und Ölzüge.

Wir wechseln die Szene – und die Lokomotiven – und begeben uns in das hessische Hügelland um Bebra. Im deutsch/deutschen Grenzverkehr präsentiert uns die Deutsche Reichsbahn ihre vorbildhaft rekonstruierten Schnellzugloks vor langen Interzonenzügen auf der steigungsreichen Strecke zwischen der damaligen Zonengrenze bei Obersuhl und dem Bahnknotenpunkt Bebra.

Zwischen Tübingen, Horb, Rottweil, Freudenstadt und im schönen Kinzigtal erleben wir die letzten preußischen Länderbahnlokomotiven im Plandienst.

Dagegen werden wir in Lauda den erst nach dem Kriege gebauten Dampfloks der Baureihe 23 begegnen, die eigentlich die alten Preußen ablösen sollten und doch nicht konnten.

Schließlich verabschieden wir uns von der DB – wie könnte es anders sein – im Fichtelgebirge zwischen Neuenmarkt-Wirsberg und Hof.

Österreich bot Anfang der 70er Jahre noch bedeutende Zentren der Dampftraktion im Plandienst. Wir wählen uns die Schmalspurstrecken im Waldviertel, die Lokalbahn um Mistelbach und natürlich die legendäre Zahnradbahn auf den steirischen Erzberg als ÖBB-Strecken, sowie zwei grenzüberschreitende Privatbahnstrecken der GySEV im österreichisch-ungarischen Grenzgebiet aus.

Den europäischen Abschluß sollen dann noch kurze Abstecher nach Novara in Oberitalien und Pyskowice (dem früheren Peiskretscham) in Polen mit ihren Dampflokraritäten im Regelverkehr bilden.

Unsere Erinnerungen und Bilder führen uns dann gut 10 000 km gen Süden ins Dampflokparadies von Südafrika. 1972/73 konnte man bei der SAR noch Dampfbetrieb pur erleben. Auf Strecken, über die damals noch mehr als 100 Personen- und Güterzüge, geführt von blitzblanken und glänzenden Dampfloks, in 24 Stunden den Beobachter passierten.

Wenn wir uns schon in die weite Welt begeben, dann darf Java nicht fehlen. Diese von 100 Millionen Menschen bevölkerte Insel, auf der die Mobilität noch stark von der Leistungsfähigkeit der Eisenbahn abhing und von dem Vermögen der wenigen Techniker, uralte Dampflokomotiven immer noch einsatzbereit zu machen und auf Dauer auch betriebsfähig zu erhalten.

4

Deutsche Bundesbahn: Kursbuchstrecke 280
Die Emsland-Rennstrecke der Pazifiks, Mikados und Jumbos

Unseren Dampflok Alltag beginnen wir an einer Paradestrecke der Deutschen Bundesbahn zwischen den beiden Bahnbetriebswerken Rheine und Emden. Sie beheimateten zwischen 1971 und 1977, dem endgültigen Ende der Dampftraktion bei der DB, wechselnde Zahlen vor allem von drei ölgefeuerten Baureihen, den BR 012, 042 und 043. Kurz nach der Ölkrise im Oktober 1973 wurden die Jumbos der BR 043 durch ihre Kohlependants, die BR 044 abgelöst, bis sich die erste Aufregung um eine erwartete Ölknappheit gelegt hatte und der Plandienst der BR 043 wieder in der ursprünglichen Form aufgenommen werden konnte.

Die Emslandstrecke war und ist eine vielbefahrene Verbindung zwischen dem Industriezentrum Ruhrgebiet und den Nordseehäfen und -Bädern. Dementsprechend bestand der Eisenbahnverkehr vor allem aus Schnellzügen im Bäderverkehr zu den Nordseeinseln Juist, Norderney und Baltrum. Aus dem Ruhrgebiet kommend endeten sie im eingleisigen (!) Kopfbahnhof Norddeich Mole.

Der Güteraustausch zwischen dem Ruhrgebiet und dem Nordseehafen Emden war vor allem durch den Import von Erz und Kohle, sowie den Export von Autos bedingt und erforderte einen entsprechend starken Güterzugverkehr.

Die Streckenführung bot im norddeutschen Flachland nur wenig Abwechslung ohne nennenswerte Steigungen. Die wegen des kurzen Bahnsteigs im Kopfbahnhof Norddeich Mole nicht sehr langen Schnellzüge, waren deshalb keine allzu fordernde Aufgabe für die stärksten Schnellzugloks der ehemaligen Deutschen Reichsbahn Gesellschaft. Die Dreizylinder-Heißdampflokomotiven der damaligen Baureihe 01^{10} erreichten auf dieser Strecke spielend ihre Höchstgeschwindigkeit von 120 km/h, zumal ihre Leistungsfähigkeit durch die Ölhauptfeuerung noch gesteigert werden konnte.

Ganz anders wurden dagegen die Güterzuglokomotiven gefordert. Vor allem die schweren Erzzüge beanspruchten die Jumbos der Baureihe 043,

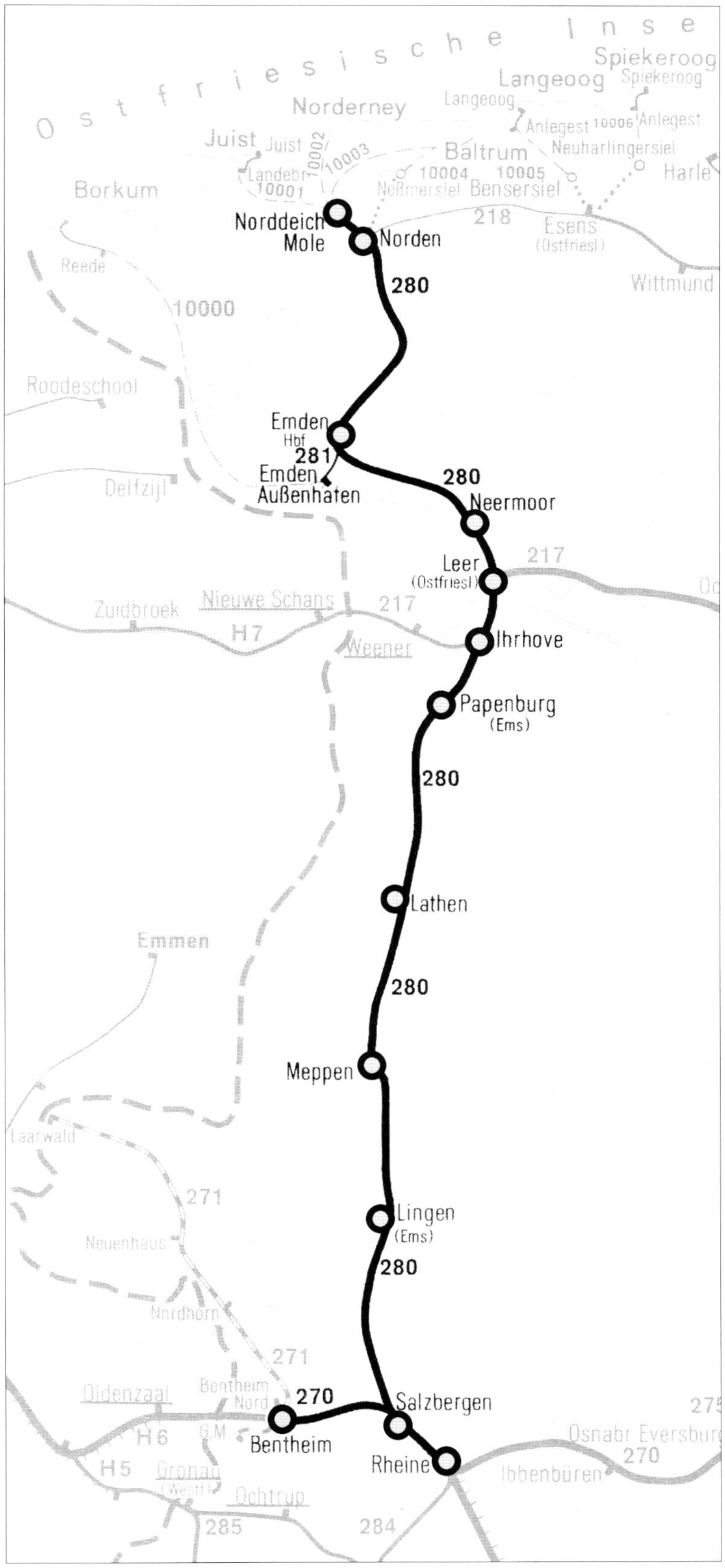

I'E h3 Dreizylinder-Heißdampflokomotiven mit Ölhauptfeuerung, trotz Führung in Doppeltraktion bis an die Grenze ihrer Leistungsfähigkeit.

Kommentare zu den Bildern

4 Der E 1631 passiert am 16.3.74 an einem grauen Vorfrühlingstag gegen 8.15 Uhr die Einfahrt in den Block Deves bei Streckenkilometer 214. Geführt wird dieser Bäder-Eilzug aus Düsseldorf von der Schnellzuglok 012 066-7, die bis zu ihrer Ausmusterung am 26.6.75 noch viele weitere Fahrten auf ihrer letzten Stammstrecke absolvieren sollte.

5 Drei Wochen vorher fand der erste Besuch des Jahres 1974 an der Emslandstrecke statt. Es begann immer im Bahnbetriebswerk in Rheine. In der Lokleitung war man Eisenbahnfreunde aus Deutschland, Holland und England schon gewöhnt. Gern wurden Auskünfte über die an diesem Tage eingesetzten Fahrzeuge erteilt. Ein kurzer Blick über das Gelände. Lok 012 100-4 verläßt gerade das Bw, um im Bf. Rheine kurze Zeit später den aus Wuppertal kommenden D 735 zur Weiterfahrt nach Norddeich Mole zu übernehmen.

6 Schnell haben wir das Bw verlassen um unseren immer wieder aufgesuchten Fotostandpunkt vor dem Block Deves einzunehmen, als pünktlich um 11.05 Uhr der D 735 in voller Fahrt vorbeidonnert. Die Silhouette der 012 zeigt deutlich den großen Öltender, den die ehemalige 01^{10} 1100 nach ihrem Umbau auf Ölhauptfeuerung am 13.7.56 erhielt.

Wie so typisch für Jahreszeit und Gegend fing es schon bald nach dieser Aufnahme an, in Strömen zu gießen. An weitere Fotos war an diesem Tag nicht mehr zu denken. Auch das war Alltag bei der Jagd nach den letzten Dampfloks!

7 Kehren wir zum 16. März zurück. Der Wettergott war uns diesmal besser gesonnen. Aus Richtung Emden braust um 10.20 Uhr der E 1806 heran. Die kräftige Dampfwolke verdeckt das vor dem Bahnwärterhäuschen des Blockes Deves stehende Blocksignal.

8 Schnell wieder die Blickrichtung gewechselt. Schon kündigt sich aus Richtung Rheine mit dem typischen Schlag einer Drillings-Schnellzuglok der N 2225 an und zieht bald darauf mit herrlicher Dampfwolke vorüber.

10 Am 12.10.74 führte mich der Weg wieder an die Emslandstrecke. Und wieder zum Block Deves. Noch immer wurden die Bäderschnellzüge von der BR 012 geführt. Aber das Ende der Dampftraktion zeichnete sich zum ersten Male auch deutlich an der Strecke ab. Die ersten Oberleitungsmasten waren gesetzt.

9, 11, 12 Nachdem die Strecke nördlich von Rheine schon elektrifiziert wurde, hieß es, weiter gen Norden zu ziehen, um im letzten Winter der Schnellzug-Dampftraktion noch Aufnahmen ohne Oberleitungsmasten fotografieren zu können. Nördlich von Neermoor rund um den Streckenkilometer 333 verläuft die Emslandstrecke auf einem nicht sehr hohen Damm, der besonders gute Aufnahmen ermöglichte. Am 1.11.74 entstanden dort diese Bilder.

13 Zum letzten Male haben wir die Pazifiklokomotiven der DB Ende Mai 1975 kurz vor ihrer z-Stellung (Außerdienststellung) mit der Kamera verfolgt. Unweit von Haar passiert ein Bäderzug die Stahlgitterbrücke über den Küstenkanal auf seinem Weg nach Norddeich Mole.

14 Am Nachmittag des 1.11.74 endlich in Norddeich angekommen, reichte die Nachmittagssonne gerade noch aus, um im Bahnhof Norddeich den 15.13 Uhr weiterfahrenden E 1830 auf den Film zu bannen. Auf dem Nebengleis wartet schon der aus Emden um 15.05 Uhr eingetroffene E 2010 auf die Weiterfahrt in das gerade freigemachte Bahnhofsgleis von Norddeich Mole, das er pünktlich um 15.16 Uhr erreichen wird.

15 Der 2.11.74 war an der Nordsee ein strahlender Novembertag, der zum Fotografieren geradezu herausforderte. Im Bahnhof Norddeich Mole warten schon die Wagen des D 734, die am Vorabend mit dem D 714 kurz nach 19 Uhr angelangt waren. Die Lok hatte den Zug bis in den Bf. Norddeich zurückgesetzt, abgekuppelt, und war zur Nachtruhe in das Bw Emden als Leerzug (Lz) zurückgefahren.

Jetzt mußte nur noch die Zuglok wiederum als Lz aus Emden zurückkommen, um den D 734 in Norddeich Mole zu übernehmen. Kurz nach 10 Uhr erhält sie Einfahrt auf ein Nebengleis des Bf. Norddeich. Das Dreibegriffvorsignal zeigt es an.

16 Um 10.53 Uhr setzt sich schließlich der um diese Jahreszeit nur wenig frequentierte D 734 mit gewaltiger Rauchwolke in Bewegung. Die Insel Juist grüßt in der Ferne.

So spielte sich der Alltag der letzten Einsätze von Schnellzugdampfloks auf der Emslandstrecke 1974/75 ab. 1974 wiesen nur die ersten Oberleitungsmasten, die zuerst nur sehr langsam vom Bf. Rheine ausgehend nach Norden entlang der Strekke gesetzt wurden, auf das nahe Ende der Dampftraktion hin. Die vielen Eisenbahnfreunde, die entlang der Emslandstrecke den Eisenbahnbetrieb beobachteten und fotografierten – sie kamen nicht nur aus Deutschland, sondern vor allem aus Holland und England, wo der Dampfbetrieb schon viele Jahre vorher beendet war – konnten und wollten vorerst noch nicht an das nahe Ende ihrer Lieblingsbeschäftigung denken.

Der Einsatz der 1939 noch stromlinienverkleideten Paradelokomotiven für den schnellen Dienst mit modernen Reisezügen, der sich im Krieg sehr bald in die Führung von SF-Zügen (Sonderzügen für Fronturlauber) verlagerte, endete 35 Jahre nach Indienststellung zum Sommerfahrplan 1975. Während dieser Betriebszeit waren die 55 Maschinen zuerst von den im Kriege stark korrodierten Verkleidungen befreit worden und erhielten danach auch noch Ersatzkessel. 34 Loks dieser Baureihe wurden von 1959 an mit Ölhauptfeuerung versehen und später als Baureihe 012 bezeichnet. Die letzten Exemplare fanden im Bäderverkehr von Hamburg-Altona nach Sylt bis 1973 und von Rheine nach Norddeich Mole bis 1975 Verwendung. Mit diesem Datum endete der Einsatz von Schnellzug-Dampflokomotiven bei der DB.

5

6

7

8

Die Eisenbahnfreunde brauchten 1975 allerdings noch nicht auf dampfgeführte Züge verzichten. Noch blieb der sehr starke Güterverkehr der Emslandstrecke eine Domäne der Dampflokomotiven. Während vom Sommerfahrplan 1975 an die Leistungen der Baureihe 012 vorerst an Dieselloks der Baureihe 220 übergingen (die Elektrifizierung wurde erst 1978 vollendet), erbrachten weiterhin Dampfloks der Baureihen 042 und 043 die bisher gewohnten Leistungen.

Die „Mikado" Lokomotiven, 1'D1' h2 gekuppelte Zweizylindermaschinen, die von 1936-41 als Universaldampfloks für den mittelschweren Einsatz gebaut waren, wurden 1957 bis 1961 mit neuen, geschweißten Einheitskesseln ausgestattet. 40 Exemplare erhielten zwischen 1958 und 1961 Ölhauptfeuerung und wurden danach bis zu ihrer Ausmusterung 1977 vom Bw Rheine eingesetzt. Ab Seite 20 werden ihre verschiedenen Aufgaben im Bild gezeigt.

9

10

11

12

13

14

15

16

17

18

17 Baureihe 042 im Einsatz. Die als Universallokomotiven konzipierten 1'D1'h2 Maschinen zeigten auf der Emslandstrecke ihre vielfältigen Qualitäten. Alle hier beförderten Zuggattungen sahen auch immer wieder die BR 042 als Zugpferd. An erster Stelle natürlich leichte bis mittelschwere Güterzüge wie am 1.11.74 die 042 186-7 mit einem Zug neuer Autos auf dem Wege zum Verladehafen Emden, aufgenommen bei Meppen. Autozüge waren eine Domäne der BR 042.

18 Zuglok 042 226-1 vor Nahverkehrszug 3138 aus Leer hat am 16.3.1974 gerade den Block Deves auf dem Wege zum nahegelegenen Endpunkt Rheine passiert.

Alle Nahverkehrszüge zwischen Rheine und Bentheim (Kursbuchstrecke 270) sowie Rheine und Emden, Leer oder Meppen wurden planmäßig von der BR 042 geführt. Nur bei akutem Mangel an Lokomotiven der BR 042 sprang bis 1975 auch schon einmal die BR 012 ein.

19

20

19 Ein Bedarfsgüterzug wird am 19.4.74 von der Lokomotive 042 018-2 (der niedrigsten Loknummer, der auf Ölhauptfeuerung umgerüsteten und noch im Einsatz befindlichen Maschinen) nach Bentheim befördert und nähert sich dem Bf. Salzbergen, bei dem die Strecke 270 von der Emslandstrecke abzweigt. Interessant ist der immer gleich hinter der Lok in den Zug eingereihte Kranwagen, dem ein Ausleger-Schutzwagen nachlaufen muß, damit der notwendige Abstand gewährleistet ist.

20 Beim Ausfall einer Lokomotive der BR 012 konnte eine Maschine der BR 042 auch ohne große Mühe die Planzeiten der Eil- und D-Züge des Bäderverkehrs zwischen Norddeich Mole und Rheine einhalten und erfüllte damit erneut den Anspruch einer Universallokomotive.

Am 1.11.1974 übernahm zum Beispiel 042 105-7 ersatzweise den D 734 und befindet sich kurz hinter dem Bahnhof Meppen auf der Fahrt nach Süden.

21

22

23

24

21-24 Dampflokalltag pur! Innerhalb von einer Stunde passieren am 16.3.1974 gleich vier Bedarfsgüterzüge das Einfahrtsignal in den Block Deves bei km 214 der Emslandstrecke.

Den Beginn macht gegen 9 Uhr 042 186-7 mit einem Ganzzug (einem Zug aus Wagen gleicher Typen). Es ist ein ungemütlicher, trüber Vorfrühlingstag. Noch herrscht Ostwind, aber der Wind ist schon linksdrehend.

Kurz vor 9.30 Uhr folgt ein Zug mit neuen Autos nach Emden, geführt von der 042 164-4. Der Wind weht jetzt aus Nordwest und es beginnt zu nieseln. Typische Wetterbedingungen für diesen Landstrich.

Im Abstand von 15 Minuten folgen noch 042 358-2 mit einem Containerzug sowie 042 168-6 mit vierachsigen Schüttgutwagen. Das war 1974 noch Alltag auf der Emslandstrecke!

25

26

27

28

26 Am Nachmittag des 16.3.74 schien schon wieder die Sonne und bescherte uns diese Doppel-Lz.
25, 28 Aber auch die Nord-Süd Richtung hatte im Regen einiges zu bieten. Ganz oben befördert 042 320-2 einen Containerzug in der Gegenrichtung, und unten rechts sehen wir Lok 042 186-7 schon wieder auf der Rückfahrt mit einem Güterzug aus Bentheim. Gerade das Regenwetter bot die Chance außergewöhnlicher Alltagsaufnahmen.

27,29-32 Ein besonderer Leckerbissen der Emslandstrecke waren die langen Erzzüge mit bis zu 3000 t Ladegewicht vom Hafen Emden ins Ruhrgebiet. Planmäßig wurden sie mit zwei Lokomotiven der BR 043 in Doppeltraktion geführt. Am 16.3.74 und auch am 22.10.76 mußte eine Maschine der BR 042 die Führung übernehmen. Die normale Bespannung zeigen die Bilder **31** und **32** mit 043 364-9 am 22.10.76 bzw. 043 672-5 am 19.4.74.

29

30

31

32

33

34

35

36

Den Abschluß des Bildberichtes vom Alltag an der Emslandstrecke müssen natürlich Aufnahmen von der schweren 1'E h3 Güterzuglok der BR 043 bilden. Ursprünglich von der DRG seit 1937 in großer Stückzahl als BR 44 gebaut, wurden ab 1955 36 Maschinen mit Ölhauptfeuerung ausgerüstet und später als BR 043 geführt. Auch sie waren alle im Bw Rheine stationiert und wurden bis zu Ihrer Außerdienststellung 1977 speziell vor schweren Erzzügen eingesetzt.

33-36 zeigen die BR 043 vor Erzzügen im Einsatz. Oben links führt 043 087-6 am 17.5.75 einen Erz-Leerzug durch den Bf. Elbergen nach Norden. Daneben begegnet 043 475-3 am 12.10.74 mit einem Erz-Halbzug einem Autozug. Unten links am gleichen Tag ein weiterer Erz-Halbzug, geführt von 043 364-9. Und schließlich fährt auch noch 043 666-7 scheinbar mühelos und gar nicht spektakulär ohne größere Dampfwolke mit ihrem Erzzug vorbei.

37

38

39

40

Diese Seite zeigt noch einmal den typischen Dampflok Alltag dieser Magistrale. Bis zum Ende der Dampftraktion waren es vor allem die wuchtigen Dreizylinder 1'E-gekuppelten BR 043 Lokomotiven, die den schweren und hohe Anforderungen stellenden Dienst leisteten. Während in den warmen Sommermonaten das visuelle Erlebnis oft nicht besonders aufregend war, kamen die Eisenbahnfreunde vor allem in den kälteren Jahreszeiten voll auf ihre Kosten.

37-40 Viermal BR 043 vor schweren Güterzügen im Einsatz. Links sehen wir oben 043 903-4 am 12.10.74 mit einem Erz-Leerzug nach Emden. Im Morgendunst waren wir schon vorher der 043 737-6 mit einem Leerzug für die Rübenkampagne bei Leschede begegnet. Am 19.4.1974 fährt 043 672-5 mit einem Erz-Leerzug bei Salzbergen nach Norden. Schließlich erfreut uns am Allerheiligentag Lok 043 326-8 mit einem Erz-Leerzug bei Neermoor.

41

Deutsche Reichsbahn/Deutsche Bundesbahn: Kursbuchstrecke 502 Deutsch-Deutscher Grenzverkehr im hessischen Bergland

Eine der Kuriositäten der deutschen Nachkriegsgeschichte war der Eisenbahnverkehr zwischen den beiden souveränen deutschen Staaten DDR und BRD. Folgerichtig entstanden nach dem Kriege aus der ehemals Deutschen Reichsbahngesellschaft zwei Eisenbahnverwaltungen, die Deutsche Reichsbahn (DR) der DDR und die Deutsche Bundesbahn (DB) in der Bundesrepublik.

Der grenzüberschreitende Verkehr wurde von der DDR nur an wenigen Eisenbahnübergängen zugelassen. Von diesen war die Strecke von Erfurt nach Bebra in mehrfacher Hinsicht außergewöhnlich. Sie verlief nämlich zwischen Hönebach und Wartha gleich zweimal durch Staatsgebiet der BRD und DDR, was die DDR dazu bewog den Streckenverlauf auf dem Gebiet der DDR zu verändern, um wenigstens den Ort Gerstungen ohne vorheriges Passieren des Bundesgebietes zu erreichen. Trotzdem verlief die Strecke zwischen Obersuhl und Hönebach immer noch einige hundert Meter erneut über das Gebiet der DDR.

Für Eisenbahnfreunde Anfang der 70er Jahre wichtiger war aber der Einsatz der von der DR vorbildlich rekonstruierten Schnellzugloks der Baureihe 01^5, die den gesamten Personenverkehr von Erfurt nach Bebra bedienten, während für den Güterverkehr die Diesellokbaureihe 216 der DB bis zum Übergabebahnhof Gerstungen eingesetzt wurde. So konnten die Paradeloks der DR ohne Schwierigkeiten auf bundesdeutschem Gebiet auf einem zwar nur kurzen, dafür aber durch starke Steigungen bedingt, besonders attraktiven Streckenabschnitt beobachtet werden.

Die Verbindung von Erfurt nach Bebra war eine für damalige Verhältnisse schon zu normalen Zeiten relativ viel befahrene Strecke. Besonders berühmt war eine Doppeltraktion, die Bebra um 15.28 Uhr verließ und immer ein großer Anziehungspunkt für die Eisenbahnfreunde war.

Besonderes Interesse konzentrierte sich aber auf diese Interzonenstrecke rund um die Festtage und in der Zeit der Sommerferien, wenn der Ost-West-reiseverkehr stark anschwoll und die Führung von etlichen Sonderzügen notwendig machte. Zu diesen Zeiten gab es folgende Züge ab und an Bebra:

ab Bebra:

10.30	D 207	
11.44	D 1099	
13.55	D 199	
14.43	D 1097	
15.28	D 197	(Doppeltraktion!)
0.50	D 201	
1.35	D 2099	
3.02	D 1095	

an Bebra:

10.50	D 200	(oft Doppeltraktion!)
12.33	D 2100	
13.44	D 1098	
14.38	D 198	
19.21	D 206	
2.22	D 1096	
4.50	D 202.	

Ein reiches Feld für die immer anwesenden Eisenbahnfotografen!

42

43

Kommentare zu den Bildern

41 Am 17.2.1973 passiert der von der 01.0530-4 geführte D 207 auf dem Wege nach Warschau einen der wenigen Fotostandpunkte auf der nur 18 km auf bundesdeutschem Gebiet liegenden Strecke von Bebra nach Erfurt.

Von dieser Stelle aus hat damals so mancher Eisenbahnfotograf den vor allem während der Weihnachts-, Neujahrs- und Osterfeiertage regen Interzonenverkehr über die deutsch-deutsche Grenze verfolgt. Bis zum letzten Tag der Dampftraktion am 2.6.73 herrschte hier oft ein babylonisches Sprachgewirr mit deutschen, englischen, holländischen, französischen und japanischen Sprachfetzen. Während auf Seiten der DDR besonders im Grenzgebiet allzu neugierige Eisenbahnfreunde oft von der Polizei verhaftet und von der Stasi einvernommen wurden, hielt sich die bundesrepublikanische Polizei meist ohne einzugreifen im Hintergrund. Das änderte sich erst in den letzten Wochen vor der Einstellung des Dampfbetriebs, als zu viele Eisenbahnbegeisterte zu nahe an die Strecke drängten und deshalb das Eingreifen und Abdrängen von den gewohnten Beobachtungspunkten geradezu herausforderten.

42 Der erste Weg beim Besuch dieser Strecke führte normalerweise zum Bahnhof des Eisenbahnknotenpunktes Bebra. Viele Jahre lang bot sich dort mittags vom östlichen Bahnsteig aus das gleiche Bild. Im gegenüberliegenden Rundlokschuppen warteten jeweils 2 Lokomotiven der BR 01[5], die mit den Nacht-D-Zügen nach Bebra gekommen waren, auf ihre Einsätze zurück nach Erfurt. Am 24.4.73 waren es die DR Rekoschnellzugloks 01.0520-5 und 01.0523-9, die in der Frühlingssonne aus dem Lokschuppen herauslugten.

43 Ein ähnliches Bild bot sich schon am 19.7.71. Damals warteten 01.0529-6 und 01.0533-8 auf ihre nächsten Einsätze. Friedlich nebeneinander standen seit der Elektrifizierung der Nord-Südstrecke in den 60er Jahren in Bebra immer die Dampfloks der DR und Dieselloks der DB im Rundlokschuppen. Den Lokomotivbesatzungen der DR, die ja teilweise mitten in der Nacht nach Bebra kamen, stand gegenüber dem Bahnhof ein Ruhequartier zur Verfügung, das für uns ein vielbesuchter Anlaufpunkt war. Mit den Lokführern wurde gefachsimpelt, Bilder wurden ausgetauscht und letzte Anweisungen und Bitten für beleuchtete Loklaternen und geöffneten Ölbrenner an bestimmten Fotostandpunkten geäußert. Die Lokbesatzungen der DR erwiesen sich immer als außergewöhnlich kooperativ und verständnisvoll. Sogar, wenn es galt, ungewöhnliche Wünsche – zum Beispiel nach viel Dampf und Rauch auf abschüssiger Strecke – zu erfüllen. Schließlich mußten wir alle unsere Bildvorstellungen auf nur 18 Kilometer der Strecke unterbringen.

So gerüstet konnten wir uns zu den für den jeweiligen Tag vorgenommenen Standpunkten begeben. Das Bild war in der Vorstellung schon vorweggenommen. Allerdings gab es jedes Mal nur eine einzige Chance. Die Züge kamen mit ziemlicher Geschwindigkeit daher. Jeder Fehler, jeder vergebene Augenblick war unwiederbringlich dahin, und die Zahl der noch ausstehenden Einsätze dieser imposanten ostdeutschen Schnellzugloks schmolz schnell dahin. Auch diese Konzentration auf „the decisive moment", wie die amerikanischen Fotografen so treffend sagen, war typisch für die Eisenbahnfotografie dieser Tage und erhöhte den Spaß am Abenteuer.

44

45

46

47

45, 47 Am frühen Nachmittag warteten alle Eisenbahnfreunde gespannt auf den D 197 nach Leipzig. Aus Umlaufgründen mußte er stets als Doppeltraktion geführt werden und war deshalb die besondere Attraktion dieser Strecke.

Am 19.7.71. führten die 01.0507-2 und 01.0526-2 den Zug. Vor allem die 507 bot einen zusätzlichen Bonus: sie hatte nach russischem Vorbild Boxpokräder, also gußeiserne Radscheiben erhalten, die sich – wie zu erwarten – nicht sehr bewährten.

44, 46 Am 24.4.73 zogen 01.0526-2 und 01.0520-5 den D 197 nach Erfurt. Auf dem unteren Bild dirigierte die hintere Lok 01.0520-5 noch einige Kurswagen vor den Zug.

An den Bildern dieser Seite sehen Sie schon deutlich, daß offenbar der Bahnhof Bebra kein optimaler Standort für Aufnahmen dieses täglichen Ereignisses war. Zu viele „optische Geräusche" störten den freien Blick auf den ausfahrenden Zug. Wir mußten unser Glück an der Strecke versuchen!

48

49

50

51

48 An Tagen ohne Sonne war auch die Strecke bei Ronshausen besonders gut zur Fotografie vorbeidonnernder Züge geeignet. Am 05.1.73 führt 01.0520-5 den D 217 bergaufwärts. Der Dampf des Wintertages macht diese Szene trotz unbeleuchteter Loklaternen sehenswert.

50 Kurz vor dem Tunnel Hönebach zieht am 1.2.73 Lok 01.0519-7 mit dem langen D 217 auf der Steigungsstrecke schwer arbeitend vorbei.

49, 51 Einige Kilometer hinter dem Bahnhof war ein kleiner Damm , der von der Ostseite aus gut einzusehen war. Am 5.1.73 führt 01.0529-6 den D 199 um 14.05 an uns vorbei, am 1.2.73 ist es die 01.0530-4 mit dem gleichen Zug. Deutlich sieht man den Unterschied zwischen unbeleuchteten und beleuchteten Loklaternen. Das ist der Grund, weshalb wir immer versuchten, den Lokführer zu veranlassen, schon weit vor dem Tunnel in Hönebach die Beleuchtung anzuschalten.

52

53

54

55

52 Verweilen wir noch einige Augenblicke an dieser besonders günstigen Stelle der Strecke. Unter winterlichen Bedingungen konnte man hier atemraubenden Bergfahrten beiwohnen. Am 24.2.73. müht sich 01.0507-2 mit dem D 177 die Steigungsstrecke zum Tunnel Hönebach hinauf.
53 Zwei Monate später, am 24.4.73 verlangt der D 207 der 01.0501-5 und dem Lokpersonal alles ab, was in dieser so kraftvollen Schnellzuglok der DR steckt.

54 Am 14.7.72 zündete der Lokführer der 01.0530-4 vor dem D 1097 extra den Ölbrenner, um bei dem trockenheißen Wetter den wartenden Fotografen wenigstens eine Rauchfahne präsentieren zu können.
55 Am selben Tag zeigte 01.0533-8 die gewünschten, beleuchteten Loklaternen vor ihrem D 1099 und verbesserte dadurch das sonst eher unspektakuläre Bild ganz bedeutend. Der Dampflok Alltag bestand eben nicht nur aus großartigen Abenteuern!

56

57

58

59

56 Auch der Bahnhof Hönebach bot herrliche Fotostandpunkte für Züge aus beiden Richtungen. Am 1.5.73 – gut vier Wochen vor dem Ende der Dampftraktion – hat Lokführer Werner Lange den Ölbrenner voll aufgedreht, als er auf seiner 01.0501-5 mit dem D 217 bergab an uns vorbeibraust.
57 Aus Richtung Erfurt führt am 24.2.73 die 01.0533-8 den D 200 durch den Bahnhof Hönebach auf der Steigungsstrecke bis zum Brechpunkt im Tunnel.

58 Am 30.4.73 ist der D 1100, der um 2.33 Uhr in Bebra eintreffen soll, mit der 01.0529-6 bespannt, die im letzten Jahr fast täglich ihre Aufwartung in der Bundesrepublik machte.
59 Auch aus Richtung Erfurt konnte bisweilen eine betriebsbedingte Doppeltraktion beobachtet werden. Hier ziehen die Loks 01.0532-0 und 01.0533-8 den dafür häufig benutzten D 200 durch den Bahnhof Hönebach in den anschließenden Tunnel. Der letzte Wagen hat gerade eine kleine DDR Enklave verlassen.

60

61

62

63

60-63 Dampflok Alltag im Wechsel der Jahreszeiten. Links oben die bestellte Rauchwolke bei der 01.0529-6 vor dem D 207 am 1.5.73 wenige Kilometer nach der Ausfahrt in Bebra. Rechts daneben wieder die legendäre Doppeltraktion, geführt von der 01.0529-6 beim D 197 am 1.2.73. Die Sonne ist schon lange untergegangen, die Lichtverhältnisse reichen kaum noch zum Fotografieren. Mit entsprechend langer Belichtungszeit wurde natürlich kein gestochen scharfes, dafür aber umso stimmungsvolleres Winterbild eingefangen. Am 5.1.73 hatte es nachts Rauhreif gegeben und die Landschaft war ganz leicht verschneit. Die kalte und feuchte Winterluft zauberte eine herrliche Dampfwolke um die Kurve bei Ronshausen. D 207 mit 01.0507-2. Schließlich hatte es vor dem 24.2.73 richtig geschneit. Am windigen 24.2.73 führt die 01.0532-0 ihren D 217 in sanftem Bogen um die gleiche Kurve. Der Wind zerzauste die herrliche Dampfwolke recht schnell.

64

65

66

64 Zum Abschluß noch einmal drei Bilder von der täglichen Doppeltraktion des nachmittäglichen D 197. Am stürmischen 24.2.73 sind 01.0501-5 und 01.0533-8 vor diesem D-Zug nach Leipzig zusammengespannt. Das leichte Gegenlicht des trüben Februarhimmels konturiert diese herrliche Szene einer vergangenen Zeit. Solche Momente konnte man natürlich auch in der Ära des Dampflok Alltags nicht jeden Tag zu sehen bekommen. Man brauchte immer auch ein Quäntchen Glück.

65 Auch am 5.1.73 entwickelte die aus Bebra ausfahrende Doppeltraktion eine großartige Dampfwolke. Allerdings war es auch an diesem Tag für die sonst gewohnten scharfen Aufnahmen schon viel zu dunkel.

66 Zwei interessante Fotopunkte habe ich Ihnen bisher noch vorenthalten. Hier die Aufnahme vom Tunnelportal des Hönebacher Tunnels aus mit 01.0507-2 vor dem D 197 kurz vor der Einfahrt am 29.4.73.

67

67 An den Tunnel von Hönebach war auf beiden Seiten etwas schwer heranzukommen. Hatte man aber erst einmal den Eingang erreicht, bot sich aus dem Tunnel heraus ein besonders aufregender Blick auf die einfahrenden D-Züge. Natürlich war das Betreten des Tunnels streng untersagt. Aber welcher Eisenbahnfreund hat sich jemals genau an die Vorschriften gehalten? Was zählte, war das Ergebnis, und oft schien auch schon der abenteuerliche Weg das Ziel.

Am 30.4.73 konnte ich den Tunnel zum letzten Male erreichen, danach wurde er bis zum Ende der Dampftraktion von der Bahnpolizei zu scharf bewacht. Zum Abschluß des Kapitels über den Deutsch-deutschen Grenzverkehr und die Dampftraktion im Raume Bebra-Gerstungen mit ihrem Dampflok Alltag und seinem oft unattraktiven, manchmal dafür aber umso faszinierenderen Bildern, fährt der D 455 geführt von der Stammlok 01.0529-6 in den Tunnel ein.

68

DB-Strecken 722, 740, 741, 766 und 774
Die Preußen zwischen Schwarzwald und Neckar

Man sollte meinen, zum Ende der Dampfloktraktion bei der Deutschen Bundesbahn müßten vor allem die erst in der Nachkriegszeit gebauten Dampflokomotiven und vielleicht noch einige wenige Maschinen der Einheitsbaureihen aus der unmittelbaren Vorkriegszeit auf den Schienen anzutreffen gewesen sein. Aber das wäre ein Irrtum.

Interessanterweise teilte sich ein buntes Gemisch aus wenigen neueren, vor allem aber schon recht betagten Vertretern die letzten Einsätze. Bedingt durch die Kriegsereignisse blieb dem deutschen Dampflokomotivbau der eigentliche Höhepunkt und Abschluß in der Entwicklung dieser Technik der ersten Stunde versagt. Die Qualität der Zeit war dagegen.

Das ist nicht in allen Ländern ähnlich gewesen, wie wir später bei unserem Besuch bei der SAR in Südafrika noch erleben werden. In Deutschland erwiesen sich meist die Vorkriegsbaureihen, ja sogar noch die bis in die zwanziger Jahre vor der Gründung der Deutschen Reichsbahn Gesellschaft beschafften Vertreter der Länderbaureihen, als robuster und leistungsfähiger als die bis 1959 gebauten Nachkriegslokomotiven.

Also müssen wir uns jetzt endlich den letzten Vertretern der Länderbaureihen zuwenden, die tatsächlich auch Anfang der 70er Jahre noch aktiv waren. Dabei werden wir uns auf zwei Lokomotivklassen, die im Laufe der Jahrzehnte legendären Ruf erwarben, auf den folgenden Seiten konzentrieren.

69

Natürlich handelt es sich dabei zum einen um die von dem berühmten, aber nicht unumstrittenen Lokomotivkonstrukteur der Königlich Preußischen Staatsbahnen (KPSt), Robert Garbe, entworfene 2'C h2 Lokomotive der preußischen Baureihe P^8, die allein von der KPSt in einer Stückzahl von 3370 seit 1906 beschafft und auch bei anderen europäischen Bahnverwaltungen geschätzt wurde. Über 3000 dieser Maschinen gingen noch an die DRG über und die DB übernahm nach dem Krieg immerhin noch rund 1200 Stück, die allerdings durch die starke Beanspruchung in den Kriegsjahren und durch Kriegseinwirkungen aller Art in einem sehr schlechten Erhaltungszustand waren. 1959 ging der Bestand bei der DB erstmalig auf unter 1000 zurück.

Die Deutsche Reichsbahn (DR) der DDR übernahm über 730 Lokomotiven der Baureihe 38 (wie sie von der DRG ab 1926 bezeichnet wurde), von denen einige sogar noch mit Giesl-Ejektoren ausgerüstet wurden.

Anfang der 70er Jahre war der Bestand auf wenige Exemplare bei der DB zusammengeschmolzen, die nicht etwa in einem ehemals preußischen Landstrich ihre letzten Einsätze feierten, sondern alle im Bw Tübingen beheimatet waren. Von dort wurden die letzten drei Exemplare im Sommer 1973 nach Rottweil umstationiert und in einem 3tägigen Umlaufplan auf württembergischen Strecken eingesetzt.

Ähnlich erging es auch dem zweiten Vertreter der preußischen Länderbaureihen, einer Personenzug-Tenderlokomotive der Achsanordnung 2'C2' h2t der preußischen Baureihenbezeichnung T 18, später von der DRG als Klasse 78 eingereiht. Zwischen 1912 und 1923 beschaffte die KPSt 463 dieser starken Tenderlokomotiven. Auch andere Bahnverwaltungen verwendeten den gleichen Typ. Von der DB konnten nach dem Krieg noch 424 Maschinen übernommen werden, während auf dem Gebiet der DDR 53 Stück fuhren.

Die letzten beiden Vertreter dieser zuletzt mit 078 bezeichneten Baureihe finden wir ebenfalls in Rottweil. Zuletzt wurden sie im gleichen Umlaufplan wie die BR 038 eingesetzt. Die ehemals preußischen Länderbahnlokomotiven feierten bei der DB ihren Abschied also ausgerechnet in Württemberg. Dort waren ihre Einsätze recht weit verzweigt, wie man auf der Karte unten unschwer erkennen kann. Alle mit einem roten Punkt versehenen Bahnhöfe wurden zwischen 1971 und 1974 noch planmäßig von Lokomotiven der Baureihen 038 und 078 bedient.

Ganz langsam ging der Einsatz dieser Loks zurück, bis dann zum Ende des Jahres mit einer Reihe von Abschiedsfahrten der letzten beiden Loks in Doppeltraktion, eine ruhmvolle Lokgeschichte ihr endgültiges Ende fand.

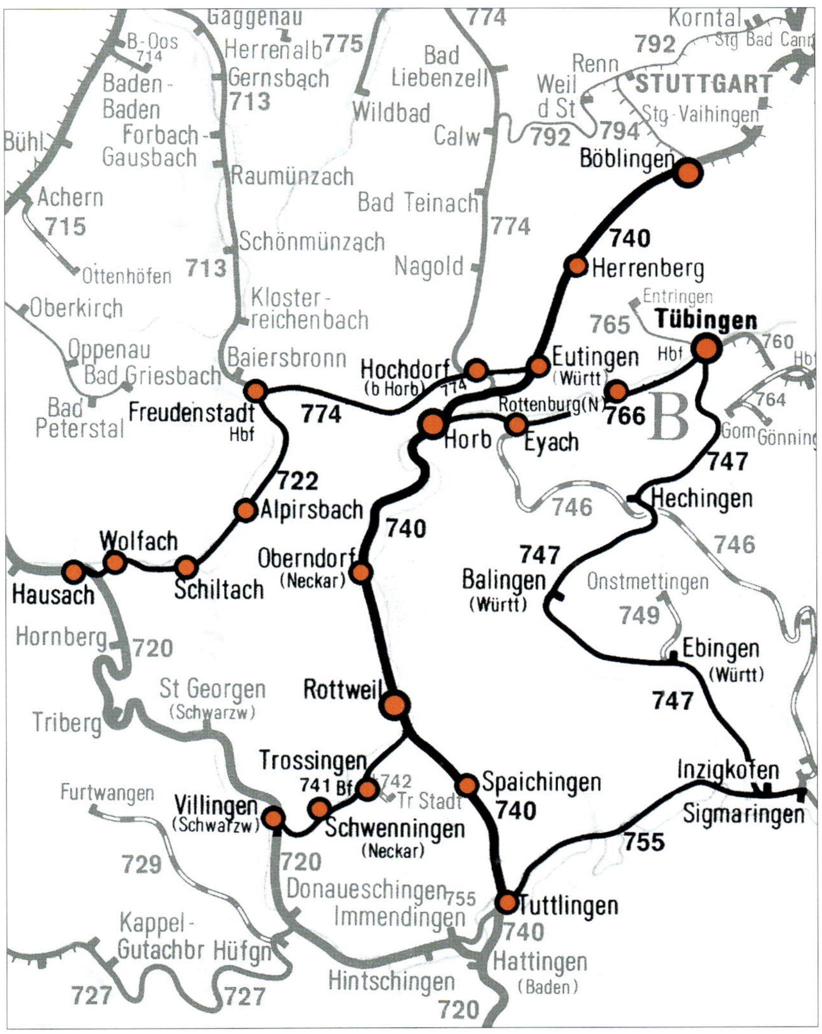

Kommentare zu den Bildern

Bevor wir uns meine letzten Bilder von den Einsätzen der Länderbaureihen 038 und 078 ansehen wollen, gestatten Sie mir noch einige Vorbemerkungen zu den Voraussetzungen der Eisenbahnfotografie in diesen Jahren der ausklingenden Dampflokära.

Anfang 1971 organisierte Prof. Karl Frank in seinem Privatmuseum der Fotografie in Salzburg eine Ausstellung meiner damals weltweit gezeigten Farbexperimente. In seiner Sammlung aus der Geschichte der Fotografie fanden sich auch sehr viele alte Stereobilder aus der Jahrhundertwende. Einer der größten Verlage für solche Bildkarten, die einmal die in den besseren Stuben weit verbreiteten Guckkästen mit Ansichtsmaterial fütterten, hatte sich in Salzburg befunden und dem Museum Frank seine Restbestände vermacht. Diese Stereofotografie erregte zuerst meine Aufmerksamkeit und dann meine Begeisterung. Wie mochten Stereoaufnahmen der heutigen Zeit wirken? Der Gedanke war geboren! Nicht primär Dampflokomotiven zu fotografieren, sondern Stereoaufnahmen mit zwei 6x6 Kameras auf einer optischen Bank zu versuchen. Jetzt fehlte nur noch eine Kleinigkeit: ein geeignetes, möglichst voluminöses Motiv, damit der Stereoeffekt auch imposant zur Geltung kommt. Sie ahnen es schon: dieses Motiv fand ich in der Dampflokomotive. Sie war als Modell optimal. Sie hatte Volumen, weißer Dampf und schwarzes Metall kontrastierten sehr fotogen. Und......sie befand sich im Stadium des schnellen Verschwindens. So wurde die Idee geboren, die ausklingende Dampflokära stereofotografisch festzuhalten. Die Eisenbahnfreunde bei all den vielen Abschiedsfahrten der damaligen Zeit können sich sicher noch an den verrückten Fotografen mit den beiden Kameras auf optischer Bank und Stativ erinnern.

Soweit, so gut. Wo aber brachte ich jetzt die Dampfloks her? Schon bald war gar nicht mehr die Stereoaufnahme die zentrale Schwierigkeit, sondern das Auffinden der letzten Dampfloks, die sich in Deutschland und Österreich längst in entlegene Grenzregionen zurückgezogen hatten.

Die nächste Aufgabe bestand also im Auffinden von Informationsquellen. Ich wurde schon bald fündig. Zwar gab es damals das Internet noch nicht, das heute in kürzester Zeit alle benötigten Daten anbieten würde. Aber dafür nicht nur Eisenbahnmagazine – die meist nur sehr grobe Angaben über die Stationierung von einzelnen Baureihen veröffentlichten – sondern vor allem kleine Publikationen von Eisenbahnbegeisterten, die im Stile der englischen *loco spotter* alle von ihren Freunden beigestellten Sichtmeldungen, Lokleitungsinformationen und Fahrplandaten veröffentlichten. Stellvertretend für alle sei der *Eisenbahn Kurier* von Franz-Otto Wesemann angeführt, der bald schon die Hauptinformationsquelle für meine Dampflokjagden wurde und aus dem später das gleichnahmige Magazin hervorging.

Schauen wir uns jetzt kurz den Kursbuchauszug des Sommerfahrplans 1972 für die Strecke 766 Tübingen-Horb an, anhand dessen ich Ihnen eine weitere Voraussetzung für die Aufnahme von dampfgeführten Zügen dokumentieren kann. Eisenbahnfotografen mußten nämlich schon sehr früh aufstehen. Nicht nur, daß zur frühen Morgenstunde oft die Lichtverhältnisse für eindrucksvolle Aufnahmen am günstigsten waren, und die morgendliche Kühle die Dampfentwicklung unterstützte. Vor allem konzentrierte sich der Einsatz der Dampfloks vor Schüler- und Arbeiterzügen auf diese Morgenstunden. Die Züge 4216, 4902, 4903, 4904, 3924 und 4908 sind Beispiele.

766 Tübingen—Horb und zurück

Freudenstadt—Tübingen 7406 Gesamtverkehr Tübingen—Rottenburg 7622 Tübingen—Felldorf—Horb 7626

Am 1. VI. Verkehr wie †

km	BD Stuttgart Zug Nr		4903	E2141 (Stuttgart-Horb-Freudenstadt-Offenburg-Kehl)	E2001 (Stuttgart-Freiburg (Brg))	4909 2.	N4911 2.	4913 2.		3937 ③ (nach Rottweil)	4921 2.	4925 2.	4927 2.		4931 □ ④	4933 ⑤	4935	4937 ◆2) 2. ⑥	4939 N ③		4947 ◆1) ⑦	
0	Tübingen Hbf 747, 760, 765 ab	...	✕6.27	7.19	7.19	9.10	10.39	11.29	...	12.13	13.59	15.11	a15.57	...	b16.48	17.19	a17.51	18.55	20.09	...	22.17	...
3	Weilheim (b Tübingen)	...	⟩6.31		①			11.32	...	12 17		15.14	⟩16.00	...	⟩16 52	17.23	⟩17.55	18.59		...		...
5	Kilchberg	...	⟩6 36	①		9.15		11.36	...	12.20	14.04	15.17	⟩16 04	...	⟩16.56	17.26	⟩17.59	19.02	20.14	...	22.23	...
8	Kiebingen	...	⟩6.40			9.19		11.40	...	12.24	14.08	15.21	⟩16.07	...	⟩17.00	17.30	⟩18.03	19.06		...	22.27	...
11	Rottenburg (Neckar) an	...	⟩6.44	7.27	7.27	9.22	10.48	11.43	...	12.28	14.11	15 25	⟩16.11	...	⟩17.05	17.34	⟩18.07	19.10	20.20	...	22.31	...
	Rottenburg (Neckar) ab	...	⟩6.47	7.28	7.28	9.23	10.49	11.46	...	12.29	14.15	15.26	⟩16.12	...	⟩17.07	17.35	⟩18.09	⟩19.11	20.21	...	22.32	...
14	Bad Niedernau	...	⟩6.52			9.28		11.51	...	12.34	14.20	15.30	⟩16.16	...	⟩17.12	17.39	⟩18.16	⟩19.15	20 25	...	22.37	...
17	Bieringen (b Horb)	...	⟩6.57	②	②	9.32		11.55	...	12.38	14.24	15.34	⟩16.20	...	⟩17.18	17.44	⟩18.20	⟩19.19	20.29	...	22.41	...
24	Eyach 746 an	...	⟩7.05	7.38	7.38	9.39	11.01	12.02	...	12.46	14.31	15.41	⟩16.27	...	⟩17.26	17.51	⟩18.28 □	⟩19.26	20.36	...	22.49	...
	Eyach 746 ab	...	⟩7.08	7.38	7.38	9.40	11.02	12.03	...	12.47	14.32	15.42	⟩16.28	...	⟩17.27	17.52	⟩18.29	⟩19.27	20.37	...	22.50	...
28	Mühlen (b Horb)	...	⟩7.14			9.45		12.08	..	12.52	14.37	15.48	⟩16 33	...	⟩17 33	18.00	⟩18.34	⟩19.36	20.43	...	22.55	...
32	Horb 740, 774 an		✕7.18	7.45	7.45	9.49	11.10	12.12	...	12.56	14 41	15.52	a16.37	...	b17.38	18.04	a18.38	b19.40	20.46	...	23.00	...

km	BD Stuttgart Zug Nr	4216 (nach Stuttgart)	4902 ◆	4904 ◆		3924 ③ (von Rottweil)	4908 ④	4912 2.	4916 2.		4920 2.	4922 2.	4926 2.	4930 ③	4934 2.		4938 ⑤ ◆2)	4940 ■ 2.	E2140 (Kehl-Offenburg-Freudenstadt-Horb-Stuttgart)	4944 2.	E2012 (Freiburg-Stuttgart)	4946 2.	
0	Horb 740, 774 ab	✕ 5.32	a5.55	✕6.26	...	✕6.59	7.48	10.08	11.22	...	12.58	13.50	a14.59	15.40	a16.50	...	17.56	...	19.32	20.25	21.16	22.05	...
3	Mühlen (b Horb)	⟩ 5.37	⟩5.59	⟩6.30	...	7.03	7.52	10.12	11.26	...	13.02	13.54	⟩15.03	15.47	⟩16.54	...	18.00	...	19.36	20.29		22.09	...
8	Eyach 746 an	⟩ 5.43	⟩6.04	⟩6.35	...	7.08	7.56	10.16	11.30	...	13.07	13.58	⟩15.07	15.52	⟩16.58	...	18.04	...	19.40	20.33		22.13	...
	Eyach 746 ab	⟩5.45	⟩6.06	⟩6 36	...	7.09	7.57	10.17	11.31	...	13.07	13.59	⟩15.08	15.53	⟩16.59	...	18.05	...	19.41	20.37		22.14	...
14	Bieringen (b Horb)	⟩5.54	⟩6.15	⟩6.44	...	7.16	8.04	10.24	11.38	...	13.14	14.06	⟩15.15	16.00	⟩17.06	...	18.12	...		20.47		22.21	...
17	Bad Niedernau	⟩5.59	⟩6.19	⟩6.51	...	7 20	8.08	10.28	11.42	...	13.18	14.10	⟩15.19	16.05	⟩17.12	...	18.16	..		20.51		22.25	...
21	Rottenburg (Neckar) an	⟩6.03	⟩6.23	⟩6.55	...	7.24	8.12	10.31	11.46	...	13.22	14.14	⟩15.23	16.09	⟩17.16	...	18.20	...	19.50	20.55	21.30	22.28	...
	Rottenburg (Neckar) ab	⟩6.05	⟩6.24	⟩6.56	...	7.27	8.13	10.33	11.47	...	13.23	14.15	⟩15.26	16.12	⟩17.16	...	18.22	Sa19.25	19.52	20.56	21.32	22.31	...
24	Kiebingen	⟩6.09	⟩6.28	⟩7.01	...		8.17	10.37	11.50	...	13.27	14.18	⟩15.30	16.16	⟩17.20	...	18.25	⟩19.29		21.00		22.35	..
27	Kilchberg	⟩6.14	⟩6 35	⟩7.05	...	7.34	8.20	10.44	11.54	...	13.30	14.22	⟩15.34	16.20	⟩17.27	...	18.29	⟩19.32		21.03		22.39	...
29	Weilheim (b Tübingen)	⟩ 6.18	⟩6.38	⟩7.09	...			10.47	11.57	...	13.33	14.25	⟩15.37		⟩17.30	...	18.32	⟩19.35		21.06			...
32	Tübingen Hbf 747, 760, 765 an	✕ 6.22	a6.42	✕7.13	...	7.39	8.26	10.51	12.01	...	13.37	14.29	a15.41	16.25	a17.34	...	18.35	Sa19.39	19.59	21.10	21.41	22.44	...

◆1) ✕ außer Sa } ohne Gepäck- und Fahrradbeförderung
◆2) †

a = ✕ außer Sa
b = täglich außer Sa
c = Sa und †

① E 2141 mit E 2001 von Stuttgart bis Horb vereinigt
② Halt nur †
③ Sa u. † 2. Kl
④ † 2. Kl
⑤ Sa 2. Kl
⑥ † 1., 2. Kl
⑦ Vor † 2. Kl

■ nicht 17.VI.
□ auch 17.VI.

Kein Anschluß an nach

70

71

72

73

68 Wir beginnen unseren Besuch bei den letzten Einsatzstrecken der Baureihen 038 und 078 nicht in Württemberg, sondern im auch für diese Dampflokbaureihen zuständigen Ausbesserungswerk in Trier. Hier finden wir Lok 038 382 am 28.7.71 vor der Halle, in der die End<ontrolle nach einer Ausbesserung vorgenommen wurde. Noch einmal ist diese Länderbahnlok auf Herz und Nieren geprüft und zur letzten ihrer Baureihe erkoren worden. Noch gut drei Jahre sollte sie auf ihren Stammstrecken Dienst tun, um danach für Museumsfahrten einsetzbar zu sein.

69, 70, 71 Am 24.4.72 sehen wir diese Lok im Bw Tübingen, wo sie auf ihren nächsten Einsatz wartet und schließlich das Bw-Gelände verläßt, um sich mit dem P 3937 wieder auf die Strecke nach Rottweil über Horb zu begeben.

72 Bei meinem ersten Besuch im Bw Tübingen am 9.10.71, gab es noch weitere Vertreter dieser früher einmal allgegenwärtigen Länderbaureihe P 8 zu sehen. Hier die 038 313-3.

73 Schon auf dem Wege zur z-Stellung fand ich die einstmals schmucke 038 631-8 vor. Ihr Ende war bereits besiegelt.

74

42

75

76

77

78

79

80

81

82

83

84

85

86

87

88

89

90

74 Der P 4904 ist ein typisches Beispiel für frühe Züge. Um 6.26 Uhr verläßt er am 25.5.72 mit gewaltiger Dampfwolke den Bahnhof von Horb.
75 Am folgenden Tag war mir das Glück nicht so hold. Die vorgesehene Lok der Baureihe 038 war ausgefallen und mußte kurzfristig durch eine 051 559-3 ersetzt werden.
76 An diesem 26.5.72 fand die letzte Fahrt einer P 8 durch das Kinzigtal statt. Wir sehen hier die 038 711-8 wie sie den P 3977 in strömendem Regen durch den Schwarzwald fährt.
77 Lok 038 650-8 führt am 12.10.71 den E 1949 bei Hochdorf von Eutingen nach Freudenstadt.
78, 79 Lok 038 711-8 verläßt am 25.5.72 um 7.32 Uhr mit ihrem E 1946 den Bahnhof von Schopfloch.
80, 81 Mit dem Gegenzug E 1949 passiert uns die Lok im maigrünen Wald nahe Altheim-Rexingen gegen 10.30 Uhr auf ihrem Wege nach Freudenstadt.
82, 83 Am 12.10.71 führte noch die 1972 schon z-gestellte Lok 038 650-8 den morgendlichen Eilzug E 1946 von Freudenstadt nach Eutingen. Wir sehen ihn bei der Ausfahrt aus dem Bahnhof Hochdorf bei Horb.
84 Und noch einmal dieser Eilzug, der vor dem Frühstück im Hotel in Horb oft mein bevorzugtes Fotoobjekt abgab. Am 26.5.72 versieht wie am Tage vorher die 038 711-8 diesen Plandienst. Das frische Grün der Maienlandschaft gibt diesem Zug eine herrliche Umrahmung.
85 Noch einmal die Baureihe 038 auf der Schwarzwaldstrecke durch das Kinzigtal. Eine Aufnahme auf dem berühmten Viadukt von Lauterbad darf nicht fehlen. Am 12.10.71 führt noch einmal 038 650-9 vor dem P 3977.
86 So schön waren die morgendlichen Begegnungen mit der 038 auf den letzten Strecken des Dampfeinsatzes! Jetzt verschwindet der Zug am 26.5.72 in der Ferne.

91

92

93

94

87 Zum Abschluß des Bildberichtes über die letzten Jahre des Einsatzes der ehemals preußischen Länderbahnlokreihen sollen auf diesen beiden Seiten noch einige typische Szenen aus dem Alltag dieser Dampfloks präsentiert werden. Am Anfang ein seltenes Exemplar: die 038 553-4 verläßt am 11.10.71 die Drehscheibe des Bw Rottweil, das zu dieser Zeit noch Einsatz-Bw für diese Maschinen war.

88 Am 13.10.71 wartet dieselbe Maschine im Bahnhof von Eutingen auf den E 1949 aus Stuttgart, den sie zur Weiterfahrt nach Freudenstadt übernehmen soll.

89, 90 Die geschmückte Lok 038 711-8 macht sich im Bahnhof Freudenstadt für ihre letzte Fahrt durch das Kinzigtal bereit.

91 Berühmt waren die kurz nacheinander erfolgenden Abfahrten der Züge 3915 und 3917 nach Villingen. Mit ihnen sollen die letzten Aufnahmen der Baureihe 078 gewidmet sein. Bahnhof Rottweil am 12.10.71, Loks 078 192-2 und 246-6 vor ihren Zügen.

92 Lok 078 192-2 verläßt am 12.10.71 das Bw, um den Zug 3917 nach Villingen zu übernehmen.

93, 94 Kurz vorher machte sich 078 246-6 für die Übernahme von P 3915 im Bw bereit.

95 Schon am 11.10.71 hatte ich diese beiden Nachmittagszüge beobachten wollen. Das Glück schien mir allerdings nicht besonders gut gesonnen zu sein. Kurz vor Abfahrt der Züge entlud ein Herbstgewitter seine Blitze und Regenfluten auf die im Bahnhof befindlichen Züge. Erst eine Minute vor der Abfahrt hielt der Regen abrupt auf. Mit Stativ und Stereokameras sauste ich zum Ärger des Stellwerkbeamten mitten zwischen die Bahnhofsgleise, machte die erhofften Aufnahmen und verschwand schleunigst aus dem Blickfeld des Stellwerkes.

96 Abschied von Rottweil. Am 23.9.74 begegnet mir kurz vor Rottweil der von der 078 246-6 geführte P 3934. Nur noch wenige Wochen konnte diese Szene beobachtet werden.

95

96

97

DB-Strecken 757, 780 und 802
Alltagsverkehr mit Neubaulokomotiven rund um Lauda

Nach den Einheitslokomotiven und Länderbaureihen wollen wir uns nun anschauen, wie denn die Dampflokomotive aussah, die als einzige Neubaureihe in größerer Stückzahl die alten Loks das Fürchten lehren sollte. Dazu begeben wir uns in das Land, in welchem einstens der allseits auch heute noch so beliebte und oft zitierte Götz von Berlichingen mit der eisernen Hand von seiner Burg aus auf Untertanen und Reichsherren mehr oder weniger respektierlich herabgeblickt hatte.

In dem einstmals bedeutenden Bahnhof von Lauda, hier treffen die Verbindungsstrecken von Wertheim über Tauberbischofsheim und Crailsheim über Weikersheim auf die doppelgleisige Relation von Würzburg über Osterburken nach Heilbronn, herrscht Anfang der 70er Jahre noch reger Dampfbetrieb. Vor allem können wir hier die Baureihe 023 beobachten, die von der DB von 1950 bis 1959 in einer Stückzahl von 105 Maschinen beschafft wurde.

Die Baureihe 023 war eine 1'C1' h2 gekuppelte Schlepptenderlokomotive, die nach modernen Baugrundsätzen konstruiert war. Dazu gehörten in Schweißbauweise hergestellte Rahmen, Kessel und Tender. Basis war die alte Baureihe 23 der DRG, deren Prototyp 1941 fertiggestellt war und deren Serienfertigung der Produktion von abgespeckten Kriegslokomotiven zum Opfer fiel.

Der eigentliche Durchbruch blieb der Baureihe 023 versagt. Ursprünglich für den Ersatz der vielen in schlechtem Zustand befindlichen Lokomotiven der Länderbauart P 8 vorgesehen, konnte sie diese Aufgabe vor allem wegen des schnell voranschreitenden Traktionswandels nicht mehr erfüllen. Der eigentliche Ersatz für diese Personenzuglokomotiven der Vorkriegszeit waren nicht mehr neue Dampflokbaureihen sondern auf den noch nicht elektrifizierten Strecken die Diesellokbaureihen 211, 212 und 216, die schon bald in großen Stückzahlen bereitstanden.

Der Dampflokbetrieb im Raume Lauda war ein ganz typischer Alltagsbetrieb. Lokomotiven der Baureihe 023 wurden durch wenige Exemplare der Reihe 050-053 vor allem für die Führung von Güterzügen ergänzt, während als Verschublok für die Zusammenstellung und Vorlage von Personenzügen meist eine Lok der Einheitsbaureihe 064 eingesetzt wurde.

Unter normalen Wetterbedingungen gab es eigentlich nichts spektakuläres zu sehen. Alle Personenzüge wurden von Baureihe 023 geführt, die sowohl vorwärts als auch rückwärts fahrend eingesetzt werden konnte.

Aus Umlaufgründen gab es auch häufig Doppeltraktionen, wobei die zweite Maschine oft als Wagenzug mitgeführt wurde, d.h. sie ließ sich ziehen ohne selbst ihre Triebkräfte einzusetzen. Bei den meist kurzen Zügen war schon eine dieser echt starken Maschinen nicht gerade ausgelastet.

97 Am 19.06.73 weilte ich wieder einmal im Bahnhof von Lauda. Glück für den Fotografen: es war zumindest ein kühler und feuchter Morgen, so daß die Dampflokomotiven ihrem Namen auch in der äußeren Erscheinung zumindest bei einigen Ausfahrten gerecht werden konnten. So wie auf dem linken Bild Lok 023 028-4 bei der Ausfahrt eines Regionalzuges nach Weikersheim. Meistens war die Dampfentwicklung jedoch eher mäßig, so daß die Eisenbahnfreunde nur selten auf ihre Rechnung kamen.

Zusammen mit der im Plan unten noch gerade tangierten Strecke von Ansbach über Crailsheim und Schwäbisch Hall nach Heilbronn, die von Dampflokomotiven des Bw Crailsheim betreut wurde, waren die Strecken rund um das Bw Lauda die Haupteinsatzgebiete der Baureihe 023 in den letzten Jahren des Dampfbetriebes. Vom Bw Crailsheim aus wurden viele 023 in Doppeltraktion mit der Baureihe 050-053 vor schweren Güterzügen gefahren. Gelegentlich war sogar Vorspann vor Baureihe 044 möglich.

Die letzten Einsatzgebiete der Reihe 023 waren neben Personen- und Nahgüterzügen von Bingen nach Kaiserslautern und weiter ins Saargebiet auch noch der Ersatz von Baureihe 038/078 des Bw Rottweil, speziell auf der Strecke von Horb über Eutingen nach Freudenstadt. Praktisch gleichzeitig mit diesen Baureihen ging auch der Einsatz der 023 Maschinen zuende.

98 Hochbetrieb im Bahnhof von Lauda. Am 16.3.73 verläßt 023 023-5 mit einem Regionalzug auf ihrem Wege nach Würzburg den Bahnhof.
99 Bahnsteig 1 war im Bahnhof von Lauda den Zügen nach Tauberbischofsheim vorbehalten. Am 16.3.73 fährt Lok 023 020-1 den mittäglichen Schülerzug nach diesem Ort.
100 Noch einmal ein Blick auf diesen Zug mit gerade einsteigenden Schülern, die sicher froh sind, das Gymnasium in Würzburg für diesen Tag hinter sich gelassen zu haben.
101 Wenig später folgt schon ein weiterer Schülerzug. Diesmal führt 023 027-6 mit dem Tender nach vorne, eine von den Fotografen nicht mit übermäßig großer Freude aufgenommene Anordnung.
102 Typischer Alltagsbetrieb ohne besondere Vorkommnisse zeigt dieser von der 023 019-3 geführte Personenzug auf dem Wege nach Osterburken in der Nähe des Abzweigbahnhofes Königshofen am 4.4.74.
103 Kurz danach folgt ein Regionalzug nach Weikersheim, bei dem die Lok normalerweise mit dem Tender voran fuhr.
104 Hier eine der ungeliebten Vorspannleistungen der 023. Die Länge der beiden Loks war nur unwesentlich kürzer als die der Personenwagen.
105 Kurz vor Weikersheim haben wir unseren schon bei Königshofen fotografierten Regionalzug wieder eingeholt. Gerade noch rechtzeitig, um schnell ein Bild des Zuges auf dem kleinen Viadukt über die Tauber schießen zu können.
106-109 Der südlichste Anlaufpunkt der im Bw Lauda beheimateten Lokomotiven der Baureihe 023 war Anfang der 70er Jahre Crailsheim. Am 5.4.74 verläßt 023 019-3 den charakteristischen Inselbahnhof dieser Stadt. Die über die Bahnlinien führende Brücke war ein beliebter Aufnahmestandpunkt der Eisenbahnfotografen. An diesem Tage ist allerdings die Ausfahrt nicht allzu spektakulär und daher eher typisch für den Alltagsbetrieb der Dampflokomotiven.
110 Ganz anders natürlich der Winterbetrieb. Die kalte Luft sorgt normalerweise für kräftige Dampfentwicklung. Allerdings darf der Fotograf die niedrigen Temperaturen nicht fürchten. Ebenso wenig wie der kleine Bautrupp auf diesem Bauzug, der zu Schienenerneuerungsarbeiten am 2.2.73 bei Schwäbisch Hall auf die Strecke fuhr.
111 An der gleichen Stelle kommt kurze Zeit später auf der doppelgleisigen Strecke eine 023 des Bw Crailsheim mit dem Regionalzug N 3713 entgegen. Bitte entschuldigen Sie diesen kleinen Abstecher auf die vom Bw Crailsheim beschickte Konkurrenzstrecke zwischen Heilbronn und Ansbach. Das ist kein Versehen. Ich wollte Ihnen wenigstens zwei Bilder vom typischen Winter-Alltagsbetrieb der Eisenbahn in dieser Region nicht vorenthalten. Neben der Strecke geht es ja auch um die Neubaumaschinen der Baureihe 023, die in möglichst vielen Varianten ihrer letzten Einsätze gezeigt werden sollten. Nach Lauda aber bin ich im Winter nie gekommen.

112 Am 21.9.72 weilte ich zwischen zwei Terminen in München und Leverkusen zu einem kurzen Abstecher in Lauda. Manch ein Eisenbahnfotograf hätte sicherlich verzweifelt. Bei meiner Ankunft auf dem Bahnhof herrschte dichter Nebel – und reger Betrieb, von dem nur schemenhaft etwas zu ahnen war. Es war eben ein ganz normaler Herbstanfang und überhaupt kein Grund zur Verzweiflung. Im Gegenteil. Nachmittags, nachdem sich der Nebel aufgelöst hatte und ich längst in Leverkusen in einer stinklangweiligen Besprechung saß, nachmittags hätte es nur ganz normale, ganz unspektakuläre Bilder gegeben.

Die Aufnahmen dieser beiden Seiten verdanken Sie nur diesem herrlichen Wetter mit ganz zarten Nebelstimmungen, die den frühherbstlichen Eisenbahn Alltag wundervoll unterstreichen. Der Nebel hatte sich bald soweit gelichtet, daß die Lokomotiven sich wenigstens etwas von der Umgebung abhoben. Die feuchte Luft tat ein Übriges und zauberte herrliche Dampfwolken in den trüben Himmel.

Als erster Zug zeigt sich der N 3656 nach Tauberbischofsheim, geführt von der 023 038-3. Die Stimmung ist wundervoll. Rechts heben sich die Umrisse des markanten Bahnhofbaus aus dem Anfang des Jahrhunderts bildbeherrschend ab.
113 Wie immer vor dem Lichten des Nebels wallen vorher die Schwaden einmal dichter und dann wieder lichter über die Bahnhofsanlagen. Die Züge werden alle im Bilde festgehalten und wenn sie sich noch so sehr im Nebel verbergen wollen.

Lok 023 061-5 bringt einen Regionalzug in den Bahnhof. Es dürfte sich um den N 3873 aus Würzburg gehandelt haben.
114 Lok 023 006-0 führt hier den N 2705 im noch immer recht starken Nebel nach Crailsheim.
115 N 3889 geführt von 023 072-2 trifft trotz Nebels pünktlich in Lauda ein.
116-118 An diesem trüben Herbstanfang hat eine ganz andere Baureihe, von den Eisenbahnfreunden treffend *Bubikopf* genannt – eine der ersten Einheitsloks der Baureihe 064, 1'C1' h2t gekuppelte Tenderloks für den leichten Personenverkehr auf Nebenstrecken – Dienst als Verschublok im Bahnhofsbereich. 064-136-5 müht sich redlich mit den von den Zugmaschinen der Baureihe 023 verlassenen Personenzügen ab, um sie im Bahnhofsvorfeld temporär abzustellen und dann am richtigen Bahnsteig wieder vorzulegen.
119 Vom Bahnsteig aus konnte man einen wenn auch zugegeben nicht sehr eindrucksvollen Blick in das Bw Lauda werfen. An diesem Tag warten 023 038-3, 050-8 und 072-2 auf ihre nächsten Einsätze.
120, 121 Zum Abschied von Lauda zwei dann doch noch recht spektakuläre Ausfahrten in Richtung Nord und Süd.

Die Lokomotiven 023 072-2 und 023 055-7 empfehlen sich mit gewaltigen Rauchwolken in den trüben Herbsttag. Der Fotograf wurde schließlich von den kooperativen Lokführern für sein Aushalten im Nebel reichlich belohnt.

98

99

100

101

102

103

104

105

106

10

108

10

110

111

112

11

114

11

16

117

18

119

120

121

122

DB-Strecke 810
Abschied vom Regelverkehr über die *Schiefe Ebene*

Ganz oben auf der Wunschliste der Modelleisenbahn-Liebhaber steht und stand immer eine Dampflokomotive der Pazifikbaureihe, d.h. mit der Achsanordnung 2'C1'. Wie sollte es bei all den Eisenbahnfreunden, welche die letzten Jahre der Dampflokomotive als begeisterte und etwas wehmütige Besucher begleiteten anders sein?

Zwar begegneten wir schon auf der Emslandstrecke der stärksten deutschen Dampflok mit dieser Achsanordnung, der ehemals stromlinienförmig verkleideten Baureihe 01^{10}. Nie aber konnte sie den gleichen Beliebtheitsgrad wie die Baureihe 01, eine 2'C1' h2 gekuppelte Maschine, erreichen, die geradezu als der Inbegriff und der Stolz der Dampflokomotiven der Einheitsbaureihen galt und gilt.

Wo waren diese Lokmotiven bei der DB Anfang der 70er Jahre noch eingesetzt? Wenige Loks vom Bw Ehrang zwischen Trier und Koblenz. Doch der Einsatz wurde gerade beendet, als ich anfing, Dampflokomotiven zu fotografieren. Aber das war kein Beinbruch. Denn noch blieb die letzte Paradestrecke dieser einstmals in ganz Deutschland zu beobachtenden Maschinen: Die Strecke von Bamberg nach Hof über die berühmte *Schiefe Ebene*, den Aufstieg über die Ausläufer des Fichtelgebirges. Diese lange und bei schlechten Wetterbedingungen von den Lokpersonalen gefürchtete Steigungsstrecke zwischen den Bahnhöfen von Neuenmarkt-Wirsberg und Marktschorgast entwickelte sich Anfang der 70er Jahre geradezu zu einem Kultplatz für Eisenbahnfreunde nicht nur aus Deutschland oder Europa, sondern der ganzen Welt.

Ein Besuch dieser Strecke am besten um den Bahnkilometerstein 80 herum, gehörte zum eisernen Muß für alle Eisenbahnfreunde und natürlich besonders der Eisenbahnfotografen.

Es war schon eine stimmungsvolle Szene, wenn in der Ferne der typische Schlag einer schwer arbeitenden Schnellzuglok der Baureihe 001 hörbar wurde, ganz langsam immer stärker zu einem Trommelwirbel der Dampflok anschwoll, und der Zug ziemlich langsam aber stetig sich an dem Beobachtungsort in kurvigem Terrain weiter aufwärts nach Marktschorgast in einer langen Gerade emporarbeitete. Begeisternde Augenblicke für Eisenbahnfreunde gemischt mit einem Schuß Wehmut über die schon so nahe bevorstehende Unwiederholbarkeit dieses imposanten Erlebnisses nach dem Ende des Dampflok Alltagsbetriebes.

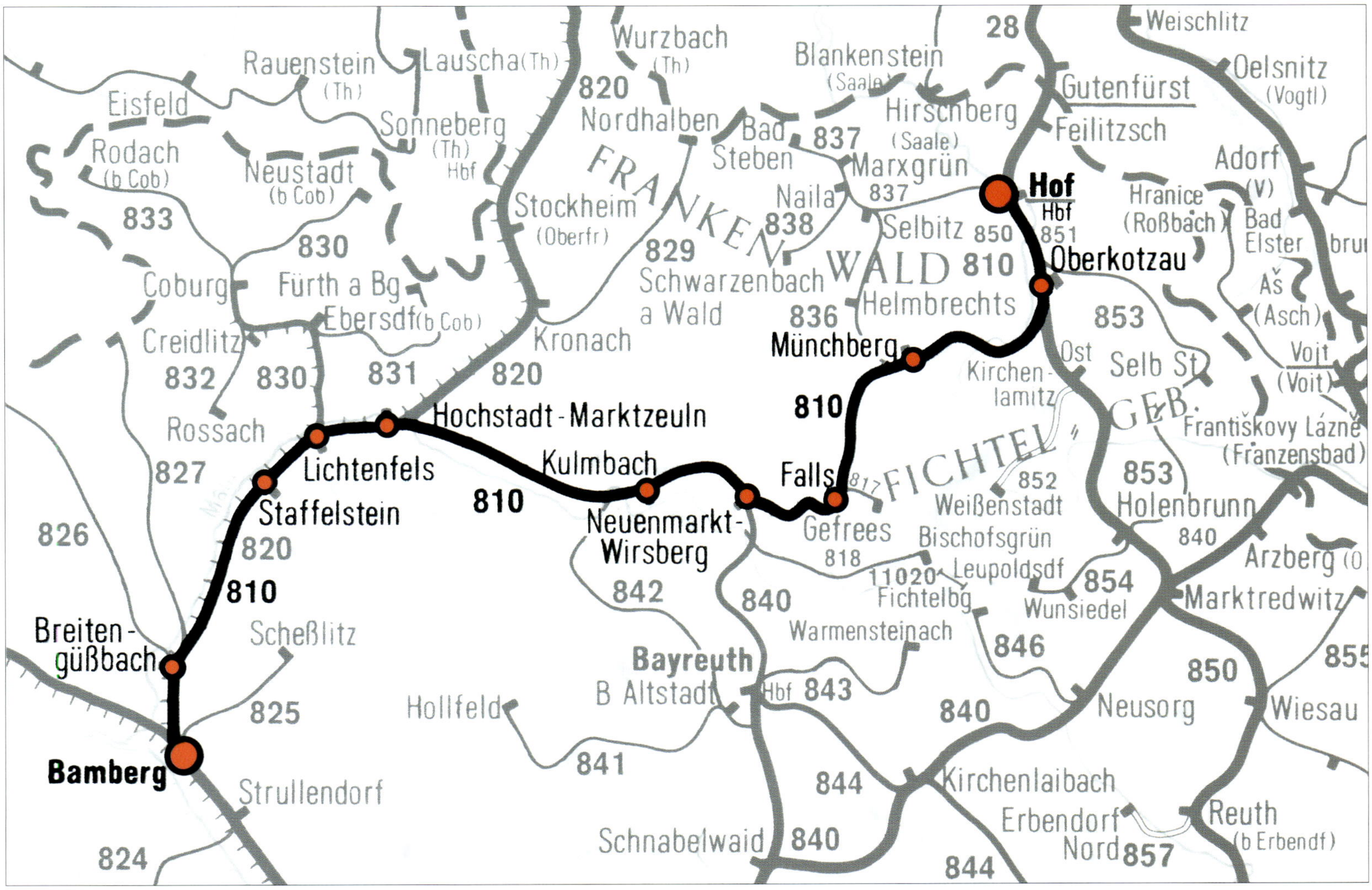

123

124

Kommentare zu den Bildern

122 Abfahrtsszene im Bahnhof Münchberg.. Erwarten Sie am 22.3.73 eine Lokomotive der Baureihe 001? Dann muß ich Sie leider enttäuschen. Auf dieser Strecke wurden nur Eil- und Schnellzüge mit den Pazifiklokomotiven geführt. Die einfachen Regionalzüge waren in der Hand von Baureihe 050-053. Vor dem Regionalzug 2805 fanden wir an diesem Morgen 051 628-6.

123 Bevor wir uns den Streckenaufnahmen zuwenden, wollen wir uns die letzten Lokomotiven der Baureihe 001 noch etwas genauer ansehen. Lok 001 173-4 nähert sich der Drehscheibe des Bw Hof, in dem die letzten 001 alle beheimatet waren. Die obige Lokomotive ist die gegenüber der Ursprungsversion am wenigsten veränderte Ausführungsform. Nur die Witte-Windleitbleche weisen sie als Nachkriegslok aus. Während bei der DR bis zuletzt immer noch 01 Loks mit großen Windleitblechen im Einsatzbestand waren, gab es bei der DB nur noch die Ausführung mit Witteblechen.

124 Im Rahmen der Modernisierungsmaßnahmen bei der DB wurden ab 1957 noch 50 Maschinen mit neuen Hochleistungskesseln in geschweißter Bauart ausgerüstet. Wir wollen sie als Rekoloks bezeichnen. Die Änderungen sind auf diesem Bild im Vergleich gut auszumachen. Wegen des langen Kessels mußte vor allem das Umlaufblech entsprechend nach vorn verlängert werden, so daß die vorher vorhandene Schürze entfiel.

125 Noch einmal alt und neu auf einem Bild. Im Vordergrund wartet die Rekolok 001 211-2 auf die Auffahrt zur Drehscheibe. Im Hintergrund ist die Altbaulok 001 088-4 gerade dabei, die Drehscheibe freizugeben. 23.3.73 Bw Hof.

126 Rekolok 001 211-2 verläßt mit D 852 den Bahnhof von Hof am 23.3.73.

127 Natürlich gibt es auch eine Ausfahrt aus dem Bahnhof Münchberg mit einer Altbaulok 001 088-4 vor E 1791 am 20.1.73. An diesem trüben Wintermorgen reicht um 9.15 Uhr trotz des Schnees das Licht nur knapp für eine Momentaufnahme. Die Brükke über die Bahnhofsgleise waren in diesem Bahnhof ein Treffpunkt für viele Eisenbahnfotografen der damaligen Zeit.

128 Am 19.3.73 ist um die gleiche Zeit zwar der Schnee weggetaut, aber bei der Ausfahrt der Rekolok C01 180-9 mit dem Eilzug 1791 sind die Lichtverhältnisse kaum besser.

129 Etwas weiter westlich treffen wir Rekolok 001 211-2 am 22.3.73 wieder mit einem morgendlichen Eilzug bei der Ausfahrt aus dem kleinen Bahnhof von Seulbitz.

130 In der Gegenrichtung begegnet uns bei Streckenkilometer 92 Altbaulok 001 173-4 mit E 1648, der ebenfalls zu den letzten, noch mit Dampfloks der Baureihe 001 bespannten Züge gehörte.

131 Der Regionalpersonenzug 2826 wurde dagegen planmäßig mit einer Lok der Baureihe 050-053 bespannt. Am 22.3.73 sehen wir die 051 628-6 vor diesem Zug.

132 Während sich die Eisenbahnfotografen an der *Schiefen Ebene* oft drängten, begegnete man an den übrigen Streckenteilen eher selten Gleichgesinnten. Dabei hatten auch diese Abschnitte interessante Perspektiven zu bieten. Zum Beispiel gleich hinter dem Bahnhof Marktschorgast am oberen Ende der *Schiefen Ebene*. Am 16.7.72 treffen wir hier Rekolok 001 180-9 vor E 659.

133 Schließlich landen wir am 22.3.73 wieder in Hof. Lok 050 596 passiert gerade das dem Bahnhof vorgelagerte Bw mit dem Regionalzug 2202.

134 Am 24.3.72 treffen wir Lok 001 234-4 hinter dem Bf. Marktschorgast vor E 1791.

135 Allmorgendliche Zugkreuzung im Bahnhof von Falls. Am 24.3.72 läuft die Altbaulok 001 088-4 mit ihrem E 1622 gerade in den Bahnhof ein, den Lok 052 779-6 mit ihrem Regionalzug 2805 in wenigen Minuten Richtung Marktschorgast verlassen wird.

136 Am 19.3.73 liegen etwas höher noch letzte Reste Schnee, die allerdings zwischen den Schienen schon längst getaut sind. Bei km 91.7 begegnet uns in der Nähe von Senftenhof der von der Rekolok 001 131-2 geführte D 853 auf der Fahrt nach Hof.

137 Und jetzt geht es endlich an die berühmte *Schiefe Ebene* zwischen den Bahnhöfen von Neuenmarkt-Wirsberg und Marktschorgast. Am 26.11.72 erleben wir dort das faszinierende Schauspiel des berganfahrenden D 853, geführt von der 001 088-4.

125

126

127

128

129

30

131

32

133

134

13

136

13

138

139

14

141

14

138 Ein kleiner Felsen bei Streckenkilometer 79 war ein beliebter Aussichtspunkt, weil man hier beide Seiten der Strecke in einer Kurve bsonders gut verfolgen konnte. Am 26.11.72 begegnet uns hier 001 088-4 mit dem D 853.

139 Die Lichtverhältnisse waren an der Schiefen Ebene zu allen Jahreszeiten alles andere als fotografenfreundlich. Das soll zum Abschluß an einigen Beispielen demonstriert werden. Am günstigsten waren trübe Tage. Am 15.7.72 begegnet uns Altbaulok 001 202-1 vor dem E 1863.

140 Wenig später folgt 053 010-5 mit P 2819 im Blockabstand nach.

141 Schließlich erklimmt auch noch 001 088-4 mit dem E 659 die Steigung. Zur Abwechslung haben wir uns zum km 79 begeben, wo wir normalerweise die englischen Eisenbahnfreunde versammelt fanden.

142 Und als letzter Zug an diesem Tage können wir uns wie erwartet an dem D 853 erfreuen, der geführt von der 001 168-4 schwer arbeitend an uns vorbeizieht.

43

144

45

146

143, 144 Alltagsbetrieb in den letzten Wochen der Dampftraktion auf der *Schiefen Ebene*. Am 24.3.72 herrschen ganz andere Witterungs- und Lichtverhältnisse: Direktes Gegenlicht, knallharte Beleuchtung, denn es fehlen weiße Wölkchen, die die Kontraste mildern könnten. Der Farbdiafilm ist an der Grenze seiner Möglichkeiten angelangt.

Der D 853 wird an diesem Tage von Rekolok 001 187-4 gezogen. Auch unter so ungünstigen Beleuchtungsbedingungen hat das Ereignis nichts von seiner Faszination eingebüßt.

145,146 Unter winterlichen Witterungsbedingungen sind die Kontraste für das Fotografieren wesentlich günstiger. Der Schnee hellt die Schatten auf, und die kalte Luft garantiert immer herrliche Dampfwolken, die sich allerdings gegen den Schnee nur wenig abheben. Man kann streiten, ob die oberen oder die unteren Bilder eindrucksvoller sind. Typisch sind beide Wetterstimmungen.

Am 20.1.73 kann ich vor dem Regionalzug 2819 allerdings nur mit der Zuglok 053 087-3 dienen. Aber auch sie gewährt uns einen eindrucksvollen Abschied von der *Schiefen Ebene*.

147

ÖBB-Strecke 84
Starke Lokomotiven auf schmaler Spur im Waldviertel

Das österreichische Waldviertel, die südöstlichen Ausläufer des Böhmerwaldes, sind heute noch (und waren früher noch viel stärker) ein sehr abgelegener und dünn besiedelter Landstrich. Umso größer war Ende des vorigen Jahrhunderts das Verlangen, auch dieses Gebiet verkehrsmäßig und damit wirtschaftlich zu erschließen. Für eine Hauptbahn reichte allerdings das zu erwartende Verkehrsaufkommen bei weitem nicht aus.

Unter solchen Bedingungen bot sich der Bau einer Schmalspurbahn an. Bei einer wesentlich schmaleren Trasse und geringerem Achsstand können engere Kurven durchfahren werden, und der finanzielle Aufwand ist nur ein Bruchteil einer Hauptbahn.

Im Waldviertel entstand so ein über 80 km langes Schmalspurnetz, das die im Zentrum an der Hauptbahn Wien-Prag gelegene Stadt Gmünd mit Groß Gerungs einerseits, sowie Heidenreichstein bzw. Litschau verband. Als erste Strecken wurden am 4.7.1900 die nördlichen Verbindungen dem Verkehr übergeben. Am 10.8.1902 konnte der Betrieb bis Steinbach/Groß Pertholz aufgenommen werden. Die bergige Strecke bis zum Endpunkt in Groß Gerungs folgte schließlich am 1.3.1903.

Der Verkehr entwickelte sich bis zum ersten Weltkrieg zufriedenstellend und den Erwartungen entsprechend, wobei der Schwerpunkt auf dem Güterverkehr mit Langholz lag. Um ein Umladen der Wagen in Gmünd zu vermeiden, hatte man die Strecke von Beginn an für den Rollschemelverkehr eingerichtet. Dabei werden die beladenen Normalspurgüterwagen bei den Ausgangspunkten an einer Rampe auf spezielle Rollschemelwagen hinaufgefahren und fest verzurrt. In Gmünd brauchen sie dann nur an einer weiteren Rampe auf die Normalspur herabgelassen und danach in die Güterzüge der Hauptbahn eingereiht zu werden.

Der Weltkrieg brachte durch neue Grenzziehungen erhebliche Schwierigkeiten für die Waldviertelbahn. Zwar gehörte Gmünd nach wie vor zu Österreich, jedoch der dazugehörige, im westlichen Vorort gelegene Bahnhof war fürderhin Teil der Tschechoslowakei. Der Bau eines neuen Bahnhofs in Gmünd konnte dieses Problem nur teilweise lösen, weil die Bahnen immer noch zwei Kilometer durch tschechisches Gebiet fahren mußten. Erst 1950 ließ sich dieser unbefriedigende Zustand durch den Neubau einer nur auf österreichischem Gebiet befindlichen Trasse auf Wunsch und auf Kosten der CSSR beenden.

Wie alle Schmalspurbahnen der ÖBB wurde auch die Waldviertelbahn in der Spurweite von 760mm angelegt. Der Betrieb wurde zuerst mit C1'n2vt Maschinen aufgenommen. Sie erwiesen sich für die Bergstrecke zwischen Steinbach und Groß Gerungs als zu schwach. Besser geeignet sollten später die zuerst für die Mariazellerbahn beschafften Loks der Baureihe 399, starke D2h2t gekuppelte Stütztender-Lokomotiven sein, die bis zuletzt den verstärkten Güterverkehr zu voller Zufriedenheit gemeistert haben.

In den letzten Jahren entdeckte man endlich, daß dampfgeführte Lokalbahnen auch Touristenverkehr anziehen können. So werden auch heute noch planmäßig Dampfzüge geführt, die von den Eisenbahnbegeisterten und Menschen, die im Urlaub ihren Kindern einmal das Vergnügen des Reisens wie in alten Zeiten bieten wollen, begeistert angenommen werden. So ist heute das Gespenst der Einstellung der Waldviertelbahn im Rahmen des Kleinbahn- und Nebenstreckensterbens vorerst einmal gebannt.

Welch herrliche Eisenbahnszenen uns im Rahmen einer Erhaltung unseres technischen Erbes auch in Zukunft geboten werden können, dafür mag das linke Bild **147** ein beredtes Zeugnis abgeben. An einem Herbsttag des Jahres 1976, genau am 15.10.76, müht sich der mittägliche Güterzug von Gmünd nach Groß Gerungs aus dem Bahnhof von Steinbach-Groß Pertholz auf die steile Steigungsstrecke hinauf. Der Lokführer hat den Regler voll aufgedreht, der harte Schlag der Baureihe 399 hallt weit ins Land hinein und kündet in den Bergdörfern das Nahen des liebgewordenen Zuges an. Durch die gewaltigen Dampf- und Rauchwolken ist gerade noch der aufgebockte Normalspurgüterwagen zu erahnen, der wichtige Ersatzteile für die Holzmühlen in Groß Gerungs geladen hat und am Zugende gereiht worden ist. Verkehr wie zu Großvaters Zeiten. Möge der Schlag der Dampflok noch lange durch das Waldviertel hallen!

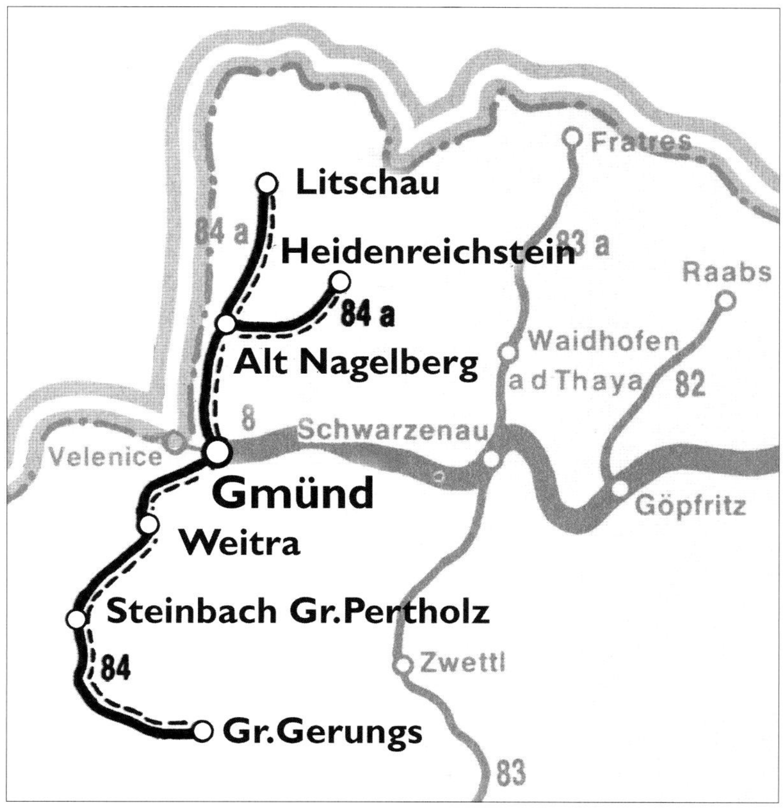

Kommentare zu den Bildern

148 Beginn der Steilstrecke bei Steinbach-Gr. Pertholz. Lok 399.06 am Beginn des Aufstiegs. Im Gegenlicht des Herbsttages entsteht am 15.11.74 ein stimmungsvolles Bild dieser Schmalspurbahn. In der trotz Sonne kühlen und feuchten Novemberluft dampft die kleine Maschine aus allen Öffnungen.

149 Am 5.1.76 liegt der Bahnhof von Weitra unter einer festen Schneedecke. 399.05 wartet auf den Fahrauftrag. Das Verkehrsaufkommen ist trotz des gerade hinter uns liegenden Jahreswechsels beträchtlich. Am Ende des Zuges sind drei auf Rollschemeln aufgebockte Normalspurgüterwagen zu erkennen.

150 Am 17.11.76 kämpft sich der gleiche mittägliche Güterzug in Serpentinen die Steigung von Alt-Weitra zum Bahnhof Weitra empor. Schmalspurdampf in voller Aktion!

151 Natürlich kreuzen die Schmalspurbahnen normalerweise Straßen ebenerdig über unbeschrankte Bahnübergänge. Schranken oder gar Über- oder Unterführungen wären finanziell wesentlich zu aufwendig und auch wegen des geringen Eisenbahnverkehrs kaum gerechtfertigt.

152 Am 2.8.74 durchquert der mittägliche Güterzug die Außenbezirke von Gmünd auf seinem Weg nach Groß Pertholz. Auch diesmal werden Normalspurgüterwagen auf Rollschemeln am Ende des Zuges geführt. Zwar läßt der heiße Augusttag keine Dampfwolken zu. Dafür hat der Heizer kräftig nachgelegt. Sicherlich nicht zur Freude der Hausfrauen, die gerade ihre Wäsche auf die Leine gehängt haben.

153 Winterlicher Eisenbahnbetrieb am 5.1.76 im Waldviertel. Lok 399.05 hat gerade den ersten steilen Aufstieg gleich nach der Ausfahrt aus dem Bahnhof Steinbach-Groß Pertholz mit Bravour geschafft und sammelt nun Kräfte für weitere steile Streckenabschnitte, die noch vor ihr liegen. Mit kräftigem Schlag, der weit durch den winterlichen Wald hallt und gewaltiger Dampfentwicklung, die auch den Fotografen gleich einhüllen wird, zieht der Bedarfsgüterzug an uns vorbei. Wir hatten unter diesen winterlichen Bedingungen große Mühe, noch rechtzeitig unseren geplanten Fotostandpunkt zu erreichen.

154 Am 15.10.76 zieht Lok 399.01 einen Bedarfsgüterzug schon am frühen Morgen die Serpentinenstrecke nach Weitra empor. Die Waren in den vier Normalspurgüterwagen warten auf ihren Abnehmer in Langschlag. Vorerst aber müssen noch viele Kilometer eines bergigen und daher steilen Streckenabschnittes von dieser Fuhre zurückgelegt werden.

155 Einige hundert Meter weiter hat derselbe Zug scheinbar seine Fahrtrichtung gewechselt und fährt jetzt von links kommend ins Bild. Tunnel und starke Einschnitte mit großen Erdbewegungen versuchte man beim Bau der Waldviertelbahnen immer zu vermeiden, um die Kosten des Baus möglichst niedrig zu halten. Die engen Kurvenradien von nur 80 m ermöglichten die Überwindung auch von beträchtlichen Höhenunterschieden ohne große Kunstbauten.

156 Der Gegenzug aus Groß Gerungs begegnet uns nach dem Mittagessen vor Langschlag. Typischerweise befördert er in einem auf zwei Rollschemelwagen aufgebockten Langholzwagen der Normalspur das Normalprodukt der im Waldviertel heimischen Holzindustrie: bearbeitete Langhölzer. Die Maschinen der Baureihe 399, obzwar keine Tenderloks im ursprünglichen Sinne, waren für Verkehr in beiden Richtungen gleich gut geeignet.

157 Am 14.4.75 befördert Lok 399.03 leere Langholzwagen zu den Verarbeitern in Groß Gerungs. Wir sehen den Zug in dem kurvenreichen Streckenabschnitt vor Weitra.

158 Gleich nach Weitra – im Hintergrund grüßt noch die große Burganlage herüber – überquert die Strecke einen kleinen, durch einen Bach entstandenen Einschnitt. Eine Abwechslung in der ansonsten ziemlich eintönigen Streckenführung und endlich doch einmal kleine Kunstbauten auf dieser Schmalspurstrecke. Am 17.11.76 führt Lok 399.01 den Standardgüterzug.

159 Direkt in der Silhouette sieht so ein Schmalspurzug recht eigentümlich aus. Die im Vergleich großen, auf Rollschemeln geführten Normalspurwagen kontrastieren zu den scheinbar winzigen Schmalspurwagen. Immer noch fährt der Zug am 17.11.76 kurz hinter Weitra. Jetzt über einen kleinen Damm, der die Silhouette unterstreicht.

160 Bisher konnte man aus den Bildern der Waldviertelbahn eigentlich nur ahnen, woher eigentlich der Name Waldviertel für diesen teils kargen Landstrich stammt. Tatsächlich führen die Strecken dieser Schmalspurbahn aber auch durch weite, kaum durch Straßen erschlossene Waldgebiete. Das soll die Abschiedsaufnahme von diesem kleinen, aber für die wirtschaftliche Entwicklung dieser Region seit Anbeginn so wertvollen Eisenbahnsystem belegen. Es ist außerdem ein Bild aus dem nördlichen Teil dieser Schmalspurbahn. Am 12.4.75 begegnet uns irgendwo zwischen Gmünd und Alt Nagelberg der Nachmittags-Personenzug, geführt von der 399.06.

148

149

150

151

15

153

154

155

156

157

158

159

160

ÖBB-Strecken 93a-d und 94a
Die vergessene Lokalbahn im Weinviertel

Der Landstrich nördlich von Wien, ein weites Hügelland, nur ab und zu durch einige Wälder bereichert, spielt eisenbahntechnisch in Österreich eine besondere Rolle. Obwohl nur dünn besiedelt und außer den bescheidenen Erdölvorkommen von Industrie weitgehend verschont, hat sich in diesem Gebiet zwischen 1872 und 1911 ein umfangreiches Lokalbahnnetz entwickelt, das einmalig in Niederösterreich, ja in ganz Österreich ist. Die Einmaligkeit setzte sich auch noch in den 70er Jahren dieses Jahrhunderts fort. Denn nirgendwo sonst habe ich ein derart nutzloses Relikt aus alten Tagen entdeckt, das zuletzt nur Kraft des ihm innewohnenden Momentums noch am Leben war. Eine vergessene Bahn, ein Spielzeug Erwachsener, die nicht einmal merkten, womit sie da eigentlich spielten.

Nur gelegentlich blitzte ein wenig von einer längst vergangenen Bedeutung auf. Wenn zum Beispiel im Herbst die Rübenkampagne in vollem Gange war und sich plötzlich unerwartetes Leben in den vielen kleinen Märchenbahnhöfen entwickelte.

Auch nach dem Ende der Dampftraktion Ende der 70er Jahre blieben die Lokalbahnstrecken der Vergangenheit verhaftet. Jetzt bevölkerten uralte Dieseltriebwagen das Weinviertel, die weiterhin unbeachtet von der längst motorisierten Bevölkerung, bedächtig die vielen kleinen Strecken befuhren und mit ihrem skurilen Äußeren so richtig in diese verwunschene Bahn paßten.

Diese Lokalbahnstrecken waren derart unbedeutend, daß sogar die vielen Eisenbahninteressierten, die Fotografen, die jeder Dampfwolke nachspürten, einen weiten Bogen um das Weinviertel machten. Allerdings mußte man schon Glück haben, wenn man zumindest im Sommer irgendwo eine dampfende Lok zu Gesicht bekommen wollte. Im Regelfall – wenn sich nicht gerade die berüchtigten Sommergewitter in diesem Landstrich entluden – mußte man schon genau hinsehen, wenn man überhaupt einen Zug erkennen wollte. In der oft vor Hitze flimmernden Landschaft verschwammen die Konturen, und die meist knochentrockene Luft verhinderte das Entstehen von fotogenen Dampfwolken.

Und doch übten diese Landschaft, die alten Ortschaften, die karge Freundlichkeit ausstrahlende und in sich selbst ruhende Bevölkerung einen eigenartigen Reiz aus. Vorausgesetzt man war sensibel für eine derartige Umwelt und spürte ihren Feinheiten nach.

Bei der Eisenbahn eröffnete sich dann manch unerwartetes Motiv, das einen Besuch immer wieder lohnte. Was für Lokomotiven befanden sich denn nun bei diesen Lokalbahnen im Einsatz? Die Reihe ist schnell aufgezählt. Baureihe 93, Baureihe 93 und nur Baureihe 93. In der Rübenkampagne und für die Überstellung einiger Ölwagenzüge kam Baureihe 52 hinzu.

Zentrum der Aktivitäten war das Heizhaus in Mistelbach Lokalbahnhof. Dort konnte man Anfang der 70er Jahre immer einen großen Bestand an Lokomotiven der Baureihe 93 bewundern und bald merkte man, wie viele feine Unterschiede sie aufwiesen. Die 1'D1' h2t Maschinen der Baureihe 93 (bei der BBÖ als Reihe 378 eingeführt) wurden 1927 erstmals von der BBÖ beschafft und erwiesen sich von Anfang an als ein ausgezeichneter Wurf. Im Laufe der Jahre erfuhren sie Änderungen, die ihr Aussehen deutlich beeinflußten. Am augenfälligsten und von den Eisenbahnfreunden nicht sehr geschätzt war der Ersatz der Schornsteine durch Giesl-Ejektoren, die noch in den 50er Jahren erfolgte und eine deutliche Erhöhung der Wirtschaftlichkeit zur Folge hatte. Die weltweit noch in einer Stückzahl von 2400 eingebauten Flachschornsteine waren eine Entwicklung des profilierten österreichischen Konstrukteurs Dr. Adolph Giesl-Gieslingen, des seinerzeitigen Chefkonstrukteurs der Wiener Lokomotivfabrik in Floridsdorf.

Besonders skuril wirkten Doppeltraktionen aus alten und umgebauten Lokomotiven der Baureihe 93, die Rücken an Rücken gekoppelt, gemächlich mit wenigen Wagen durch die Gegend zuckelten. Ein Höhepunkt des Bahnverkehrs war immer das morgendliche Zugtreffen in dem Kreuzungsbahnhof mit dem herrlichen Namen Groß Schweinbarth. War man früh genug aufgestanden, konnte man hier gleich mehrere rangierende 93er bei der Arbeit beobachten.

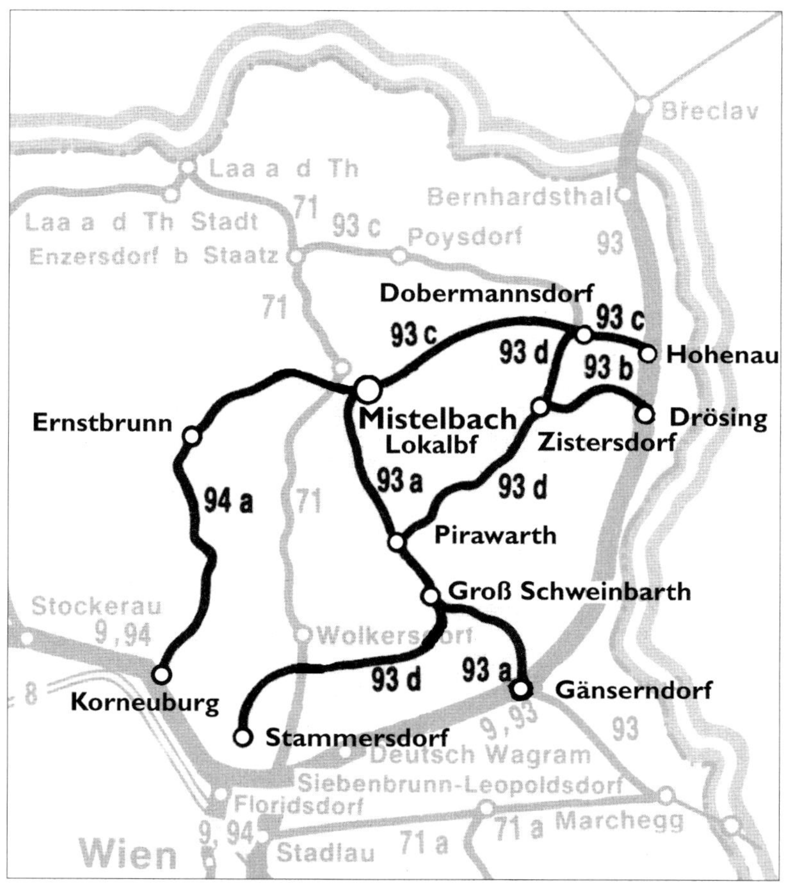

161

162

Kommentare zu den Bildern

161 Schneidige Streckenfahrt zwischen Gr. Schweinbarth und Pirawarth auf der Kursbuchstrecke 93a. Die eigenartige und gewöhnungsbedürftige Form des Giesl-Ejektors sticht ganz besonders bei dieser Lokomotivbaureihe ins Auge. Am 21.3.74 führt Lok 93.1322 den Nachmittagspersonenzug.
162 Lok 93.1310, ebenfalls mit Giesl-Ejektor, ist mit ihrem Regionalzug 71 311 soeben in den Bahnhof Höbersbrunn-Atzelsdorf der Relation Mistelbach-Groß Schweinbarth eingefahren. Fahrgäste sind weit und breit keine zu sehen.
163 Zugförderungsleitung (ZfL) Mistelbach, das Zentrum des Einsatzes der Baureihe 93 Anfang der 70er Jahre. 93.1464 verläßt am 23.3.74 gerade den Wartungsbereich vor dem Heizhaus.
164 Am gleichen Tag wartet auch eine wegen fehlender Loknummer nicht zu identifizierende Lok der Baureihe 93 mit dem typischen Giesl Flachschornstein auf den nächsten Einsatz.
165 Bei anfälligen Reparaturen wurden die Maschinen in das Heizhaus nach Straßhof überstellt. Am 12.8.74 finden wir dort 93.1356 kurz vor der Rückfahrt nach Gänserndorf.
166 Auch vor dem alten Bahnhof in Hohenau finden wir immer wieder Lokomotiven der Baureihe 93, die auf ihren nächsten Einsatz Richtung Mistelbach warten. Am 22.9.73 sehen wir dort 93.1329 und im Hintergrund auch noch 52.1238, die für die Übergabe von Ölwagenzügen von und nach dem Bahnhof Neusiedl-St.Ulrich im Erdölgebiet von Neusiedl an der Zaya eingesetzt wurde.

Der Transport des größten Teils des hier erzeugten Erdöls wird allerdings über Pipelines durchgeführt, so daß nur wenige Tankwagenzüge erforderlich sind.

167 Reger Betrieb herrscht auf den Lokalbahnstrecken zur Zeit der Rübenkampagne im November. Dann erwachen die sonst so verschlafenen kleinen Bahnhöfe sehr plötzlich zu ungewohnter Aktivität. Am 18.11.74 herrscht an einem trüben Novembertag im Bahnhof Zistersdorf ein munteres Treiben. Zwei Loks der Baureihe 93 rangieren mit Rüben beladene Güterwagen und stellen sie zu einem Güterzug für die Zuckerfabrik in Hohenau zusammen, während Lok 93.1434 gerade den Bahnhof Richtung Dobermannsdorf verläßt.
168 Der Bahnhof von Dobermannsdorf ist ein wichtiger Knotenpunkt der Lokalbahnen im Weinviertel. Dort mündet eine Stichbahn von Poysdorf (die durchgehende Strecke war schon nicht mehr befahrbar) und nimmt die Strecke nach Zistersdorf-Pirawarth-Groß Schweinbarth ihren Ausgang, während die Strecke Mistelbach-Hohenau vor allem Güterverkehr aus dem Erdölgebiet beschert. Am 12.8.74 warten 93.1335 und 93.1378 auf die Ausfahrt.
169 Die morgendliche Eisenbahnjagd begann im Weinviertel normalerweise im Bahnhof von Groß Schweinbarth der um 9 Uhr regen Zugbetrieb bei minimalem Fahrgastaufkommen aufwies. Man hatte oft das Gefühl, dem Spielen mit einer Modellbahn im Maßstab 1:1 beiwohnen zu dürfen. Hier trafen sich:

· Zug 71 308 an Groß Schweinbarth		8.52	ab 9.08
· Zug 7412	an	8.54	ab 9.07
· Zug 7315	an	8.57	ab 9.02.

Ersterer pflegte oft in der Viertelstunde des Aufenthaltes noch allfällige Rangieraufgaben zu erledigen und notfalls die Weiterfahrt des Zuges hinauszuschieben.

63

164

65

166

167

168

169

170

171

172

173

174

175

176

177

170, 171 Am 18.11.74 rangiert Lok 93.1379 mit ihren Personenwagen um 9 Uhr im östlichen Vorfeld des Bahnhofes Groß Schweinbarth. Der trübe Novembertag untermalt so richtig die Abschiedsstimmung der auch hier langsam ausklingenden Dampflokära.
172 Lokalbahnzüge im Weinviertel. Am 21.3.74 führt 93.1429 ihren Regionalzug unweit von Mistelbach. Die Zuggarnitur ist repräsentativ für viele Personenzüge des Weinviertels. Jahrzehntelang dominierte hier die Baureihe 93 den dampfbetriebenen Zugverkehr.
173 Am 11.7.74 sehen wir zum ersten Mal eine eigenartige, wenn auch nicht ungewöhnliche Zugkombination auf der Strecke zwischen den Bahnhöfen von Pirawarth und Groß Schweinbarth. Loks 93.1356 und 93.1351 sind Rücken an Rücken zusammengekoppelt. Doppeltraktion für einen Zug von gerade einmal zwei Wagen! Wo gibt es das sonst noch auf der Welt?

Es handelt sich offenbar um eine als Wagenzug eingereihte Überführungsfahrt einer Lok aus Mistelbach zur Untersuchung in das Heizhaus von Straßhof.
174 Planmäßig zeigt sich aus Lokumlaufgründen der Nachmittagspersonenzug aus Stammersdorf mit einer ähnlichen Lokkombination. Hier führt am 21.3.74 Lok 93.1326 vor 93.1363. Während im vorigen Bild zwei Loks mit Giesl-Ejektoren aufgeboten waren, herrscht hier die Vielfalt der verschiedenen Ausführungsformen der Baureihe 93.
175 Am 12.8.74 führt Lok 93.1421 den Regionalzug 7212 bei Hetzmannsdorf auf seinem Weg von Korneuburg nach Mistelbach. Die Streckenführung ist aus heutiger Sicht, in der wir schnurgerade Schnellstrecken der Eisenbahn gewohnt sind, geradezu abenteuerlich. Aber während die Landstraßen aus dem vorigen Jahrhundert schon längst begradigt wurden, bieten sich die Schienenwege der gleichen Zeit noch immer unverändert dem Auge dar. Wirklich kein Wunder, daß die Eisenbahn in diesen Regionen mit dem Straßenverkehr nicht konkurrieren kann. Nur zeitgemäße Schnellbahnen auf geraden Strecken mit kurzen Taktzeiten und komfortablem Wagenangebot können sich einen Erfolg bei der Rückführung des Straßenverkehrs auf die Bahn ausrechnen. Auch das kann man im Weinviertel lernen.
176 Dampflok Atmosphäre vor dem alten Bahnhof in Hohenau. Während der Rübenkampagne herrscht hier wie am 18.11.74 reger Betrieb. Lok 93.1332 wartet zusammen mit 52.2436 auf die nächsten Einsätze.
177 Wenige Tage vor dem endgültigen Ende der Dampftraktion im Weinviertel am 18.11.76 eine Abschiedsszene vor dem Heizhaus von Mistelbach Lokalbahnhof. Lok 93.1394 wartete als Reserve vergeblich auf letzte Aufgaben. 52.3274 führte die letzten Rübenzüge im Weinviertel.
178, 179 Zugegeben, die Loks der Baureihe 93 waren zwar leistungskräftige Maschinen, verdienten aber sicher keinen Schönheitspreis. Gilt das auch für ihr Räderwerk?

178

179

180

ÖBB-Strecke 61 Leoben-Vordernberg-Eisenerz-Hieflau
Die Normalspur-Zahnradbahn auf den steirischen Erzberg

Die größte Attraktion der ausklingenden Dampflokära war für die Eisenbahninteressierten zweifellos die Zahnradbahn auf den steirischen Erzberg, die bis zu ihrem plötzlichen Ende im Mai 1978 immer noch mit denselben Dampflokomotiven betrieben wurde, die auch die Eröffnung im September 1891 schon bestritten hatten. Das allein ist fast schon einmalig in der Welt. Dabei handelte es sich nicht etwa um eine rein touristische Ausflugsbahn. Ganz im Gegenteil. Die steirische Erzbergbahn wurde Ende des letzten Jahrhunderts konzipiert und gebaut, weil der Bedarf an Eisenerz auch in der Habsburger Monarchie sprunghaft gestiegen war und die vorsintflutliche Beförderung des Erzes mit einer Pferdebahn den Anforderungen in keiner Weise mehr gerecht werden konnte.

Für die Zahnradbahn nach dem System Abt mit Zahnstange zwischen den Schienen, die über weite Abschnitte eine Steigung von 70‰ durchhält, entwickelte der geniale österreichische Lokomotivkonstrukteur Karl Gölsdorf zuerst eine C1'zzt n4 Tenderlokomotive, die als Reihe 69 von der KkStB ab 1891 übernommen wurde. Bis 1908 wurden 18 dieser Maschinen in Dienst gestellt. Es folgte noch eine ebenfalls von Gölsdorf konstruierte, stärkere Zahnradlokomotive der Anordnung Fzzt n4, die in einer Stückzahl von 3 Maschinen gebaut, die Baureihenbezeichnung 269 erhielt.

Anfang der 70er Jahre waren noch 12 der inzwischen als Baureihe 97.2 bezeichneten C1'zzt n4 Loks und alle drei der jetzt mit 197 eingereihten Fzzt n4 Maschinen im Einsatz. Ausgemustert dagegen sind längst die beiden schwersten Zahnradloks der Welt, 1'F1'zzt h4 Maschinen der Reihe 297. Eine von ihnen wurde als Denkmallok hergerichtet und vor dem Bahnhof Vordernberg aufgestellt.

Während die Teilstücke der Strecke 61 zwischen Leoben und Vordernberg einerseits, sowie Eisenerz bis Hieflau schon Ende der 60er Jahre elektrifiziert wurden, oblag die Abfuhr des Eisenerzes vom Erzberg seit 1891 der normalspurigen, dampfgetriebenen Zahnradbahn, die für die Erzabfuhr zuletzt aber nur noch zwischen den Stationen Erzberg und Vordernberg eingesetzt wurde.

Auf dieser Strecke mußte von Vordernberg aus (Seehöhe 770m) bis zur Paßhöhe in Präbichl (Seehöhe 1204m) auf eine Entfernung von 7,8km ein Höhenunterschied von 434m überwunden werden.

Der Betrieb der Erzabfuhr erfolgte schon seit 1891 in praktisch unveränderter Form. Anfang der 70er Jahre wurden die vom Stahlwerk in Donawitz bei Leoben angelieferten Leerwagen von der ÖBB auf der bis Vordernberg elektrifizierten Strecke mit Loks der Baureihe 1245 gefahren. In Vordernberg erfolgte die Übergabe an die Zahnradbahn, die von der Zugförderungsstelle Vordernberg geleitet wurde.

In Vordernberg erfolgte die Zusammenstellung der Leerzüge entsprechend der Leistungsfähigkeit der Zahnradlokomotiven. Mit jeweils einer Zug- und einer Schublok wurden die Leerwagen dann bergan befördert. Der Wasservorrat der Lokomotiven war dabei gerade ausreichend, um die Wasserstelle der Station Glaslbremse nach fünf Kilometern auf 1042m Seehöhe zu erreichen.

Neben der Ausfahrt aus Vordernberg mit einem sehr steilen Streckenabschnitt direkt nach der Anfahrt, bei dem zuerst nur die führende Maschine die Zahnstange erreicht hatte, war besonders die Anfahrt nach der Wasseraufnahme in Glaslbremse von den Lokführern bei schwierigen Wetterbedingungen besonders im Winter gefürchtet.

Dann ging es in stetiger Steigung bergauf. Auf dem großen Damm wurde die Talseite von der Strecke gewechselt und nach Durchqueren eines umfangreichen Waldstückes wies ein Lichttagessignal auf die Einfahrt in die Paßhöhenstation Präbichl.

Sofern die Strecke frei war, durchfuhr der Leerzug ohne Halt den Bahnhof Präbichl und verschwand im 591m langen Präbichltunnel. Während die Verfolgung des Zuges bis zur Paßhöhe wegen der immer in Sichtweite der Strecke liegenden Bundesstraße und der geringen Geschwindigkeit der bergan fahrenden Züge promblemlos erfolgen konnte, war die weitere Begleitung des Zuges schwierig. Jetzt konnte man sich am besten auf den Gleisen bergab bis zur ehemaligen Station Feistawiese begeben, die von der Paßhöhe nach 2 km erreicht wird. Dann versperrte der Erzberg das Weiterkommen. Er wurde vom Zug im 1394 m langen Plattentunnel durchfahren und mündete in die Station Erzberg. Dort wurden die Züge geteilt und beladen. Jeweils ein Halbzug wurde schließlich von zwei Loks in bewährter Manier mühsam bis nach Präbichl hinaufgedrückt, dort wieder vereinigt und langsam zum Ausgangspunkt in Vordernberg zurückgebremst. Dieser letzte Abschnitt ist für die Eisenbahnfreunde wegen der fehlenden Anstrengung der Dampfloks eher uninteressant.

Höhepunkt war das alle Sinne erfassende Erlebnis einer Mitfahrt auf einer der kleinen Loks mit voll geöffnetem Regler durch den Plattentunnel für alle, die das Privileg hatten, von den immer freundlichen Lokführern der ÖBB eingeladen zu werden.

181

Kommentare zu den Bildern

180 Trotz ihrer überlegenen Stärke und der Beliebtheit beim Fahrpersonal fand die Baureihe 197 Anfang der 70er Jahre nur noch selten im schweren Erzverkehr Verwendung. Am 18.8.1975 war einer dieser besonderen Einsatztage. Kurz hinter der Unterführung der Bundesstraße zum Präbichl-Paß wechselt die Strecke auf einem Damm die Talseite in einer sehr fotogenen S-Kurve, die oft fotografiert wurde.

181 Kurz hinter dem Ortssch ld von Vordernberg überquert die Zahnradstrecke die Straße, hinter der der Turm eines alten Eisenwerkes zu sehen ist. Diesmal arbeitet die 197.301 als Drucklok.

182-185 Am gleichen Tage werfen wir einen Blick in die auf engstem Raum untergebrachten Wartungsanlagen der Zfst Vordernberg. Wir finden dort drei der an diesem Tage eingesetzten Dampfloks: die 97.205 und 97.204 beim Kohlefassen, sowie die 197.303 beim Reinigen der Rauchkammer.

186 Am 19.8.75 blicken wir auf die Anlagen des Bahnhofs Vordernberg mit einem gerade abfahrenden Erzleerzug, geführt von der 97.205, die auch an diesem Tage Dienst tut.

187 Ein Jahr später eine Szene aus dem Vorfeld der Zfst Vordernberg. Eine Lok begibt sich an das Ende eines Erzleerzuges. Rechts davon stehen zwei ausgemusterte Lokomotiven der Baureihe 97, die noch einige Zeit vor sich hinrosten müssen, ehe sie verschrottet werden.

188 Ende August hatten wir wirklich Glück. Auch am 20.8.75 wird die Baureihe 197 immer noch eingesetzt. 197.303 bemüht sich mit äußerster Kraftanstrengung den kurzen, aber steilen Berg direkt nach dem Start zu bewältigen. Die Uhr zeigt 5.30 in der Frühe. Die vielen, während des Tages die Züge begleitenden Eisenbahnfreunde aus aller Welt schlafen noch und verpassen dabei die interessantesten Eindrücke in der Frische des Sommermorgens, wenn die Lokomotiven noch mächtig Dampf entwikkeln. Bei meinen vielen Besuchen an dieser Stelle, habe ich nie einen Fotografen zu dieser Tageszeit getroffen.

189 Vom Hang oberhalb des Einfahrtschildes nach Vordernberg aus hatte man einen außergewöhnlichen Blick auf die gerade die Brücke über die Straße passierenden Lokomotiven. Am 18.8.75 zieht 97.205 den 7.30 Uhr Zug bergan.

190 Nachmittags hat man die Maschinen ausgetauscht. Eine immer angwandte Prozedur. Jetzt führt 197.303 den Erzleerzug und 97.205 übernahm die Schubaufgabe. Dadurch konnten die Lokbesatzungen sich bei der anstrengenderen Aufgabe der Zugführung abwechseln.

191 Wir sind wieder bei dem Zug, der schon auf dem linken Bild unsere Aufmerksamkeit erregte. Auch eine Schublok kann ein interessantes Bild abgeben. Vor allem, wenn es sich dabei um die von den Personalen ob ihrer Stärke besonders beliebte 197.303 handelte.

82

183

84

185

186

187

188

189

190

191

192

19

194

19

192, 195 Zuglok 197.301 und Schublok 97.209 überqueren am 19.8.75 den Rötzgraben Viadukt nach der Ausfahrt in Vordernberg Markt.

193, 194 Vorgeschmack auf den Winterbetrieb, der uns noch beschäftigen wird. 97.207 und 209 kurz hinter Glaslbremse im März 1976.

196 Auch der Eisenbahnfotograf braucht neben aller Streckenkenntnis eine gehörige Portion Glück, wenn solche Aufnahmen gelingen sollen! 7.30 Uhr Zug am 20.6.73.

197 Blick auf die Strecke vor Glaslbremse. Gut zu erkennen ist noch die alte Trasse der Pferde-Schleppbahn, die der Zug am 18.8.75 gerade unterfährt.

198, 199 97.205 führt im Morgendunst einen Zug bergan. Für die Einwohner von Vordernberg bedeutete der Dampfbetrieb an windstillen Tagen oft eine ziemliche Belastung.

200 Das allmorgendliche Loktreffen im Bahnhof von Präbichl. Rechts wartet ein Leerzug auf die Abfahrt nach Erzberg, während links der Erzzug gerade den Abstieg beginnt.

196

197

198

199

200

201

202

:03

204

05

206

207

208

201-204 Zum Alltagsbetrieb eines Bahnsystems gehört auch die Aufgabe der Erhaltung des Oberbaus. Im September 1976 mußten einige dringend notwendige Schotterarbeiten im Bereich des Bahnhofes Präbichl durchgeführt werden, nachdem Probefahrten mit Streckendiesellokomotiven der Baureihe 2143 in Doppeltraktion erfolgreich gewesen waren.

Auf den Bildern sieht man einen Schotterzug. Zwei Loks der Baureihe 97 waren in der Lage, jeweils drei voll beladene Wagen zur Paßhöhe hinaufzubringen. 97.203 und 97.217 unterzogen sich der schweren Aufgabe. Wir sehen sie bei der Anfahrt zum Bahnhof Vordernberg Markt im unteren Streckenteil, beim Wasserfassen in der Glaslbremse, beim mühsamen Bewältigen der Anfahrt nach dem Wässern und schließlich kurz vor der Einfahrt in den Bahnhof Präbichl.

205 Am 19.8.75 bringen 197.301 und 97.204 einen Erzhalbzug von der Beladestation Erzberg zur Paßhöhe Präbichl. Im Hintergrund ist eine kleine Ecke des zerfurchten steirischen Erzberges zu erkennen.

206 Anfang März 1976 müht sich ein Erzhalbzug die steile Strekke zum Präbichlpaß hinauf. Vor der hohen Flanke des Erzberges ist das Haus des verlassenen Streckenpostens Feistawiese zu erkennen.

Mit diesem Bild soll zum Abschluß des Berichtes über die steirische Erzbergbahn der eindrucksvolle Winterbetrieb dieser Bahn gezeigt werden, der für Mensch und Maschine neben höchsten Beanspruchungen auch wundervolle Ausblicke in eine märchenhafte Winterwelt erschließen konnte.

Eisenbahnfotografen, die sich auch im Winter in diese Bergregion trauten, bescherten die dampfumhüllten Lokomotiven vor der Zauberwelt der Berge unvergeßliche Anblicke. Das Wetter wollte allerdings immer erst gemeistert werden.

207 Lok 97.201 fährt im März 1977 mit ihrem Zug nach Vordernberg Markt ein.

208 Ein Jahr später, am 13.2.78, immer noch die gleiche Szene. Der 7.28 Zug durchfährt gerade den Bahnhof von Vordernberg Markt auf seinem Weg zur Paßhöhe in Präbichl. Damals ahnten wir noch nicht, daß es die letzten Winterbilder der Erzbergbahn sein sollten. Wenige Wochen später wurde der Dampfbetrieb eingestellt. Der Erzverkehr hatte in den vergangenen Jahren an Volumen ständig abgenommen. Für die noch benötigten Züge wurden schon bald mit Magnetbremsen ausgestattete Dieselloks der Baureihe 2143.5 ohne Zahnstange eingesetzt.

209 Eine schneidige Anfahrt der 97.201 im Bahnhof Vordernberg Markt mit der Oberlokführer Moosacher Anfang März 1976 zu seiner Wohnung hinaufgrüßt.

210 Fünf Jahre früher, am 24.11.72, war die Welt für die Dampflokfreunde am Erzberg noch in Ordnung. 197.302 bemüht sich mit voller Kraft, ihren Zug nach dem Wässern in der Station Glaslbremse wieder in Fahrt zu bringen. In der Nacht begann es ganz sachte zu schneien, die kommenden Tage versprachen echtes Winterwetter auf der ganzen Strecke, so wie man es jetzt schon auf der Paßhöhe, die mit dem Auto kaum noch erreichbar war, antreffen konnte.

211 In der Abenddämmerung müht sich einen Tag vorher 97.205 mit dem gleichen Zug bergan.

212 Auch im März 1977 konnte man noch solche Aufnahmen auf den Film bannen. Diesmal müht sich 97.217 wiederum mit dem gleichen Zug am frühen Nachmittag nach oben.

213 Am 25.11.72 gab es dann den erhofften Winter pur. Schneesturm, kaum Sicht, nur zu Fuß zu meistern. Mit der Kleinbildkamera stapfte ich an die Strecke. Es hatte sich gelohnt. Der Abschied von der Erzbergbahn war an diesem Novembertag unvergeßlich!

209

110

212

213

214

GySEV-Strecken 52g und 73a
Dampflok Alltag im österreichisch-ungarischen Grenzgebiet

Der österreichische Dampflok Alltag bleibt uns auch in diesem Kapitel – zumindest weitgehend – erhalten. Wir begeben uns jetzt in den äußersten Südosten des Landes, ins Burgenland. Die Gegend um den Neusiedler See hatte in der ersten Hälfte der 70er Jahre nicht nur eigenwillige Landschaften sondern auch eine eigenartige Eisenbahn, dampfgetrieben versteht sich, den staunenden Besuchern zu bieten. Oft unvermutet fanden sich Touristen auf dem Wege zum ungarischen Balaton in Wulkaprodersdorf plötzlich mit einem alten Bahnhof konfrontiert, in dem oft mehrere Dampfloks aus längst vergangenen Tagen herumrangierten. Was war das für eine Bahn, die hier an der Grenze zu Ungarn mit an ehemalige Kriegsloks erinnernden Maschinen operierte? Allerdings hatten diese großen Lokomotiven eigenartige kleine Rauchkammertüren, dafür aber überdimensioniert große Loklaternen. Was hatte es mit diesen Maschinen für eine Bewandnis?

Zweifellos waren dies keine Lokomotiven der ÖBB. Aber welche Bahngesellschaft arbeitete hier an der Grenze? Fragen über Fragen. Versuchen wir, sie systematisch zu beantworten.

Hier auf österreichischem Boden operiert schon seit 1879 die Raab-Ödenburg-Ebenfurter Eisenbahn (RÖEE), eine ungarische Privatbahn, die allen Zeitläufen zum Trotze sich immer wieder als überlebensfähig erwies und heute auf einem elektrifizierten Eisenbahnnetz genauso floriert, wie schon zur Jahrhundertwende.

GySEV, das heißt Györ-Sopron-Ebenfurti Vasut und ist die ungarische Bezeichnung dieser Bahn, diese GySEV verband ursprünglich die ungarischen Städte Györ (Raab) und Sopron (Ödenburg). Industriekunden verlangten nach einem Anschluß an die Pottendorfer Bahn und damit nach Wien und Wiener Neustadt. Nachdem die Strecke Györ-Sopron am 2.1.1876 feierlich eröffnet war, erfolgte der Weiterbau zügig bis zum Endbahnhof Neufeld an der Leitha auf ungarischem Boden, der am 28.10.79 betriebsbereit war. Es fehlte nur noch der Übergang nach Ebenfurth in Österreich, der allerdings schon seit 1871 bestand, aber bislang nur mit Pferden betrieben wurde.

Von Anfang an hat sich die GySEV auf den Güterverkehr spezialisiert. Schleppbahnen zu verschiedenen Zuckerfabriken und der starke herbstliche Zuckerrübenverkehr taten ein übriges, um die Transportleistungen zu erhöhen.

Die sich bis dahin erfolgreich entwickelnde Eisenbahn sah sich nach dem Ende des ersten Weltkrieges unvermutet einer völlig neuen Situation gegenüber. Westungarn, dessen Hauptstadt Ödenburg bis dato gewesen war, wurde mit Ausnahme dieser Hauptstadt an Österreich abgetreten, vor allem, um die hungernde Bevölkerung von Wien besser mit landwirtschaftlichen Produkten versehen zu können. Die GySEV war plötzlich zweigeteilt.

Vorausschauende Eisenbahnfunktionäre erkannten diese neue Situation weniger vorrangig als Problem denn als Chance und Herausforderung. So wurde aus einer ursprünglich ungarischen Privatbahn sehr schnell eine ungarisch-österreichische, grenzüberwindende Bahn.

Die Qualität dieser Verbindung zeigte sich besonders deutlich in den Wirren des Anschlusses im Oktober und November 1921, als nur eine Eisenbahnverbindung zwischen Wien und Budapest aufrecht erhalten werden konnte, die der GySEV.

Auch der Anschluß Österreichs an das Deutsche Reich 1938 änderte an der Situation verhältnismäßig wenig. Die österreichische Betriebsleitung zog sich nach Sopron zurück, der Betrieb funktionierte wie eh und je.

Neue Wirren brachte der Zusammenbruch des Großdeutschen Reiches 1945 und die nachfolgende kommunistische Machtübernahme in Ungarn. Aber auch sie konnten der GySEV keinen dauerhaften Schaden zufügen. Immer war diese kleine Privatbahn eine gut funktionierende Verkehrsverbindung zwischen Ost und West, zwischen Kapitalismus und Kommunismus. Freundschaftlich von kapitalistisch angehauchten ungarischen Funktionären und sozial eingestellten österreichischen Kapitalisten geleitet und zu einer ganz und gar eigenartigen Erfolgsstory im Kampf der Systeme geführt. Eine in jeder Hinsicht außergewöhnliche Eisenbahn.

Solche Bedingungen – Sie ahnen es – mußten sich auch im ständig wechselnden Fuhrpark widerspiegeln. Konzentrieren wir uns auf die 70er Jahre des zuende gehenden Dampflokeinsatzes. Wir finden ehemalige Kriegsloks der deutschen Baureihe 52. Sie hatten bis zum Auftauchen bei der GySEV im Jahre 1963 zuletzt bei der MAV in Dienst gestanden, die 100 Stück von der Sowjetunion gekauft und zurückgespurt hatte. Vorher waren sie von der UdSSR erbeutet, umgespurt und geringfügig verändert worden. Daher also die ungewohnte Frontpartie.

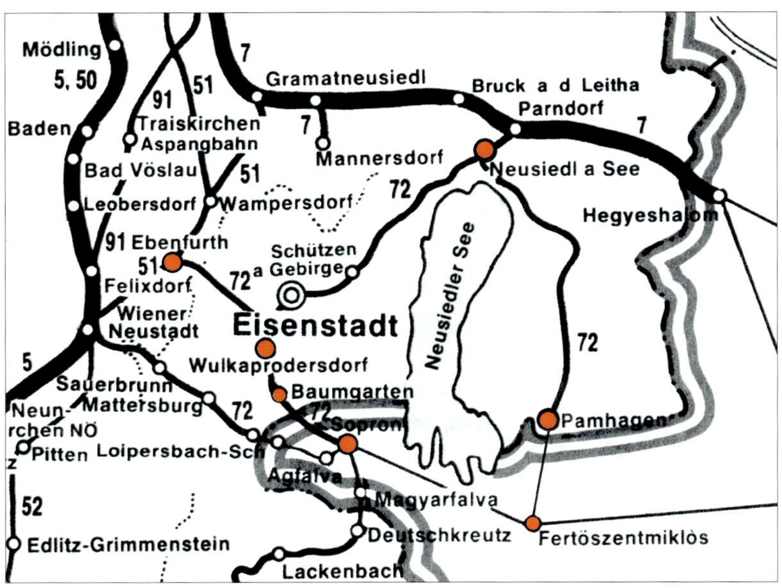

215

Kommentare zu den Bildern

214 Güterzugausfahrt aus dem Bahnhof Wulkaprodersdorf. Am 2.11.75 führte 520.018 einen morgendlichen Bedarfsgüterzug von Sopron über Wulkaprodersdorf nach Ebenfurth.

Als Reihe 520 wurden die ehemaligen Kriegsloks aus russischen Beständen bei der MAV, den ungarischen Staatsbahnen ab 1962 geführt. 1963 wechselten von den 100 erworbenen Maschinen die Loknummern:

520.018 (Erbauer Skoda, ehemalige 52 7443)
520.020 (Erbauer MBA, ehemalige 52 3897)
520.050 (Erbauer WLF Floridsdorf, ehemalige 52 3815)
520.079 (Erbauer WLF Floridsdorf, ehemalige 52 6944)
520.083 (Erbauer Schichau, ehemalige 52 5595)
520.094 (Erbauer MBA, ehemalige 52 7781)

zur GySEV. Sie waren alle in der ersten Hälfte der 70er Jahre noch im Einsatz.

215 Die 520.079 am 27.7.72 vor einem Bedarfsgüterzug im Bahnhof von Wulkaprodersdorf. Auf diesem Bild sind die typischen ungarischen Dampfloklaternen und die russische „Wasserkessel"-Stirnlampe gut zu erkennen.

216-219 Die Lokpersonale aller GySEV Dampflokomotiven stammten aus Ungarn, wohin sie spätestens mit dem letzten Zug am Abend wieder zurückkehrten. Im österreichischen Streckenteil der GySEV übernachteten weder die ungarischen Personale noch Maschinen. Allen Lokbesatzungen gilt ein herzliches Dankeschön für ihr immer bereitwilliges und freundschaftliches Eingehen auch auf die ausgefallensten Wünsche des Fotografen. Mit den meisten von ihnen bin ich ein Stück zusammen auf der Lokomotive gefahren, was besonders auf der Steigungsstrecke von Wulkaprodersdorf bis zum Brechpunkt vor Neufeld ein eindrucksvolles Erlebnis und eine Abwechslung im Alltag des Lokpersonals als auch des Eisenbahnfotografen darstellte. Auf Bild **216** hat sich ein Lokführer auf einer MAV 424 eingeschlichen, die am 7.8.74 an die GySEV ausgeliehen war.

220 520.083 führt am 27.7.72 einen der typischen schweren Güterzüge aus dem Bahnhof von Wulkaprodersdorf auf die Steigung nach Müllendorf. Solche Züge bedurften immer einer Schiebelok, die am Ende des langen Zuges gerade noch auszumachen ist.

221 Alltagsbetrieb im Bahnhof von Wulkaprodersdorf, in dem oft kleinere Verschubarbeiten zu erledigen waren. Einige Güterzüge brachten aus Sopron Wagen mit, die schon in Wulkaprodersdorf an die ÖBB übergeben und mittags von einer ÖBB Lokomotive der Baureihe 52 zur Weiterfahrt in Richtung Eisenstadt abgeholt wurden. 520.050 rangiert am 26.7.72 mit Zugteilen und legt extra für uns einen Kavaliersstart hin.

222 Am folgenden Tag herrscht besonders starker Verkehr. Zwei Güterzüge geführt von 520.079 bzw. 520.094 warten in Wulkaprodersdorf auf den Befehl zur Weiterfahrt. Auf der eingleisigen Strecke nach Ebenfurth kann die allerdings erst nach Eintreffen eines Gegenzuges gewährt werden, so daß dem Fotografen genügend Zeit für die Aufnahme bleibt.

223 Am 26.7.72 sehen wir eine charakteristische Bahnhofsszene in Wulkaprodersdorf. 1972 schon ein Bild wie aus dem „Time Tunnel". Zwei ehemalige Kriegsloks im Einsatz. Die vordere 520.094 hat ihren Bedarfsgüterzug nach Ebenfurth gebracht und fährt jetzt als Lz (Lokleerfahrt) zurück nach Sopron. Im Hintergrund rangiert eine weitere 520 mit dem Güterzugbegleitwagen.

224 Gut drei Jahre später immer noch eine fast unveränderte Szene. 520.018 verläßt mit einem Güterzug Wulkaprodersdorf. Erst bei genauerem Hinsehen merkt man, daß auch alte Lokomotiven von den Bahnverwaltungen immer weiterentwickelt wurden. Inzwischen sind die alten Loklaternen – nicht gerade zur Freude des Fotografen – durch stillose Autoscheinwerfer ersetzt worden. Zwei der alten Laternen schmücken jetzt meinen Hof.

225 Am 23.11.75 kehren am frühen Nachmittag zwei 520er zusammen mit ihrem Güterzugbegleitwagen als Leerfahrt nach Sopron zurück.

16

217

8

219

220

221

222

223

224

225

226

227

226 Wieder drei Jahre später geht der Dampfbetrieb – so unvorstellbar es sein mochte – auch bei der GySEV langsam seinem Ende entgegen. Am 28.7.78 hat sich eine neue 520 in das Sextett der GySEV Maschinen eingeschlichen. Die 520.030 erreicht von Sopron kommend – das mit seinen Häusern im Hintergrund noch gerade auszumachen ist – den Ausweichbahnhof Baumgarten, in dem ihn der diensttuende Bahnhofsbeamte schon erwartet, um freie Fahrt zu signalisieren.

227 Am 21.10.78 noch einmal eine Ausfahrtszene aus Wulkaprodersdorf. Die ganze Gegend hat ihr Aussehen schon deutlich verändert. Der Oberbau wurde hier schon komplett erneuert, so daß er die schweren Dieselloks, die schon bald die Dampftraktion beenden sollten, ohne Schaden verkraften kann.

Die 520.020 führt einen Bedarfsgüterzug auf die Steigung nach Müllendorf.

228, 229 Einen ganz anderen Anblick bietet hier die Lok 520.050. Pars pro toto, soll heißen, ein Teil steht für das Ganze. Die Schwungräder der ehemaligen Kriegslok bei der Anfahrt.

230 Am 23.11.75 mühen sich drei 520 mit ihrem schweren Güterzug über die Steigungen im österreichisch-ungarischen Grenzgebiet. Richtig? Falsch! Der Zug ist auf der Fahrt nach Ungarn, die Fahrtrichtung ist von rechts nach links! In diesem burgenländischen Landstrich geht es oft recht windig zu. Es bläst ein starker Nordostwind und kündigt einen baldigen Wintereinbruch an, der dann auch nicht mehr lange auf sich warten ließ.

231,232 Diesmal geht alles mit rechten Dingen zu. Zwei 520er bewältigen die Steigung nach Müllendorf am 10.2.74.

233 Kurz vor dem Brechpunkt der Steigungsstrecke kämpft sich am 2.11.75 die 520.083 durch den trüben Aller Seelen Tag. Hier wird ein Teil der Strecke komplett neu gebaut, die neue Trasse ist links deutlich sichtbar. Für die zukünftigen Dieselloks russischer Bauart reichte der relativ leichte Oberbau nicht aus.

234 Fünzehn Minuten vorher hat die 520.083 mit ihrem Zug gerade die Einfahrt nach Müllendorf passiert. Sie zeigt mit ihrem hohen Damm, auf dem ein kleiner Einschnitt überwunden wird, das seit Jahrzehnten gewohnte Bild.

235, 236 Drei Jahre später hat sich die Szenerie total geändert. Dort wo früher der Damm das Tal überquerte, überspannt jetzt eine Betonbrücke die ganz neue Trasse der im Entstehen begriffenen Südostautobahn von Wien nach dem Plattensee. Radikaler Wandel im Bild. Der Zug wird von der 520.030 geführt und von 520.075 (auch einer neuen Lokomotive im GySEV Maschinenpark) nachgeschoben.

237 Jetzt machen wir einen Sprung nach Ungarn, in das Lokomotiv-Depot der GySEV in Sopron. Am 7.8.74 finden wir dort vor dem charakteristischen Heizhaus 424.057 und 520.050. Erstere wartet auf einen Eilzug nach Györ, die zweite auf den nächsten Güterzug nach Ebenfurth.

238 Am gleichen Tag zeigt sich einer der letzten Vertreter einer 1'B1' h2 Dampflok der ungarischen Baureihe 275 im Bahnhof von Csorna der Strecke Sopron-Györ dem Fotografen. Im ungarischen Flachland reichten B-gekuppelte Maschinen für leichte Personenzüge immer aus.

239 Bei der Rückkehr nach Sopron finden wir 424.140, 424.199 und 520.094 im Vorfeld des Heizhauses.

240 Am 22.10.78 weilen mehrere ungarische Streckenbautrupps im Bereich des österreichischen Abschnitts. Für den Transport dieser Arbeiter setzt die GySEV eine der letzten noch betriebsfähigen Maschinen der Klasse 324 ein. 324.1518 wartet in Wulkaprodersdorf auf den Fahrbefehl nach Sopron.

241, 242 Normalerweise wird für diese Aufgabe eine Lok der ungarischen Reihe 375 eingesetzt, so wie im November 1977. GySEV Maschine 121 posiert in Wulkaprodersdorf vor dem alten Lokschuppen, der schon kurze Zeit später abgerissen wurde.

228

22

230

231

232

233

234

235

236

237

238

239

240

241

242

243

244

245

243 Am 10.6.77 hatte die GySEV eine Sonderfahrt für eine Wiener Firma von Ebenfurth nach Sopron organisiert. Für sie wurde eine Zuggarnitur und eine Dampflok benötigt. Zum Einsatz kam eine Maschine der ungarischen Klasse 375, die bei der GySEV als Nr.123 eingereiht war. Wir sehen diesen Zug als Abschiedsbild von der GySEV auf Seite 135.

Für den damals täglich verkehrenden Arbeiterzug von Sopron zur Neubaustelle vor Neufeld, wo die Strecke für schwerere Diesel- und E-Loks vorbereitet wurde, mußte zur Freude des Fotografen eine Ersatzmaschine angeheizt werden. Es war eine der charakteristischten ungarischen Dampfloks aus den Jahren um den ersten Weltkrieg, die von den ungarischen Staatsbahnen in großer Stückzahl angeschafft wurde und sich zur Universallok für alle Arten von leichten Zügen im ungarischen Flachland entwickelt hatte. Die 324.1519, eine 1'C1' h2 Lok, war die letzte betriebsfähige Maschine dieser Baureihe im Bestand der GySEV.

Auf unserem Bild sehen wir diese Lokomotive mit ihrem Zug auf der Steigungsstrecke zwischen Wulkaprodersdorf und Müllendorf, die offenbar für diese schon betagte Maschine keinerlei Probleme bot. Die um diese Jahreszeit im Burgenland in großer Zahl anzutreffenden Mohnblumen kontrastieren auf eindrucksvolle Weise mit dem schwarzen Kessel unserer immer noch leistungsfähigen Dampflokomotive.

244 GySEV 324.1519 in voller Fahrt mit ihrem Arbeiterzug von Sopron nach Neufeld an der Leitha. Die Silhouette dieser Maschine strotzt zwar nicht gerade vor Schönheit. Dennoch übt diese ungarische Lokomotive einen eigenartigen Reiz auf den Betrachter aus. Sie ist der Inbegriff des technischen Fortschritts im Eisenbahnwesen aus der Zeit des ersten Weltkrieges.

245 Inzwischen hat unser Zug das Einfahrtsignal von Neufeld hinter sich gelassen. In den nächsten Stunden wird unsere Lok im Bahnhof auf die abendliche Rückfahrt warten.

246

247

248

249

250

251

252

246 Von der GySEV wird seit 1897 auch die Seestrecke von Neusiedl am See über Pamhagen nach Fertöszentmiklós betrieben. Während der reine Personenbetrieb schon frühzeitig mit kleinen Dieseltriebwagen abgewickelt wurde, oblag die Führung des mittäglichen Sammlers und einiger Bedarfsgüterzüge Lokomotiven der ungarischen Baureihe 375, von denen die GySEV vier Maschinen unter den Nummern 121-124 im Bestand hatte.

Die Baureihe 375 war die am weitesten verbreitete ungarische Tenderlok, die ohne wesentliche Änderungen über 40 Jahre lang gebaut wurde. So erhielt die GySEV die erste Maschine, bei ihr als Nummer 121 eingereiht, schon 1914, während Lok 124 erst 1953 geliefert wurde.

Am 14.6.1979 fährt die seit 1925 im Besitz der GySEV befindliche Nummer 123 mit einem Touristenzug in den festlich geschmückten Bahnhof von Pamhagen ein. Inzwischen hatte sich der Dampflok Alltag auf dieser Strecke geändert. Die GySEV führte in den Sommermonaten in Zusammenarbeit mit einem burgenländischen Reisebüro planmäßige gut angenommene Touristenzüge auf der Seestrecke und gewährte so den alten Dampfloks eine letzte Gnadenfrist.

247 Generationentreffen am 11.6.79 im Bahnhof von Fraunkirchen. Der mittägliche Güterzug aus Fertöszentmiklós mit Lok 122 an der Spitze trifft auf den modernen Ba mot 701 Triebwagen aus Neusiedl. Was könnte besser die Entwicklung der Eisenbahn in den 60 Jahren seit dem ersten Weltkrieg symbolisieren?

248 Der Triebwagen ist schon längst auf dem Weg nach der Grenzstation Pamhagen. Jetzt wartet der Güterzug auf die Weiterfahrt, die noch etwas auf sich warten läßt.

249 Reges Treiben im Bahnhof von Pamhagen, als der Touristenzug am 14.6.79 seine Fahrgäste zu einem kurzen Zwischenhalt freigibt. Wie lange ist es schon her, daß fahrplanmäßige Personenzüge im Alltag so stark frequentiert wurden? Erst wenn man etwas verloren hat, beginnt man es zu schätzen!

250 Jetzt hat auch der Güterzug den Fahrauftrag erhalten und setzt sich gemütlich mit seiner leichten Fracht in Bewegung. Auf der nächsten Station im fünf Kilometer entfernten Mönchhof-Halbturn beginnt dann das Spiel von neuem. Frachtgut entladen, einen Wagen an die Rampe rangieren, einen Leerwagen für Neusiedl einreihen. Dazwischen lange Erholungspausen. Gemütlicher Dampflok Alltag in der Monarchie. Oder schreiben wir wirklich schon 1979?

251 Ungarische Dampflokromantik im österreichischen Burgenland. Wir sind wieder auf der Stammstrecke der GySEV. Die Lok 123 wird am 10.6.77 vor dem Lokschuppen von Wulkaprodersdorf für eine Sonderfahrt hergerichtet.

252 Der Zug hat den Bahnhof verlassen und durchfährt im Burgenland bei Antau jetzt das leicht hügelige Grenzgebiet zwischen Österreich und Ungarn. Vorbei geht die Fahrt an blühenden Mohnblumen und saftigen Wiesen. Wir verabschieden uns ein bißchen wehmütig von einer liebenswerten Privatbahn!

253 

Ferrovie dello Stato: Novara
Eines der letzten Dampfzentren in Italien

Eine Verkaufskonferenz in Milano im März 1973. Mein Marketingteil ist schon längst abgehandelt. Der Rest ist wie so oft uninteressant. Wie kann man nach dem gar nicht weiten Novara entfliehen, wo noch immer einige alte Dampfloks im Alltagseinsatz stehen? Der Vertretungschef leiht mir Wagen und Fahrer. Wir jagen zum Bahnhof in Novara. Und erreichen unser Ziel. Auf den äußeren Bahnsteiggleisen steht schon die 640 017, eine von Schwartzkopf 1907 gebaute 1'C gekuppelte Schnellzuglokomotive aus der Zeit vor dem ersten Weltkrieg, und wartet auf ihren Einsatz vor einem Lokalzug nach Omegna. Die angegebene Abfahrtzeit ist allerdings für die Fotografie schon arg spät. Nur ein höchstempfindlicher Film könnte vielleicht noch ein brauchbares Ergebnis zeitigen.

Auf dem Nebengleis aber steht noch ein Zug ohne Lok. Welche Type wird ihn führen? Schon wird aus dem nahen Bahnbetriebswerk eine kleine Tenderlok der Baureihe 880, Baujahr 1915 bei Breda, sichtbar, die sich langsam vor den Zug setzt. Zwei Veteranen der italienischen Dampflokära in einer halben Stunde. Glück braucht man bei der Eisenbahnfotografie!

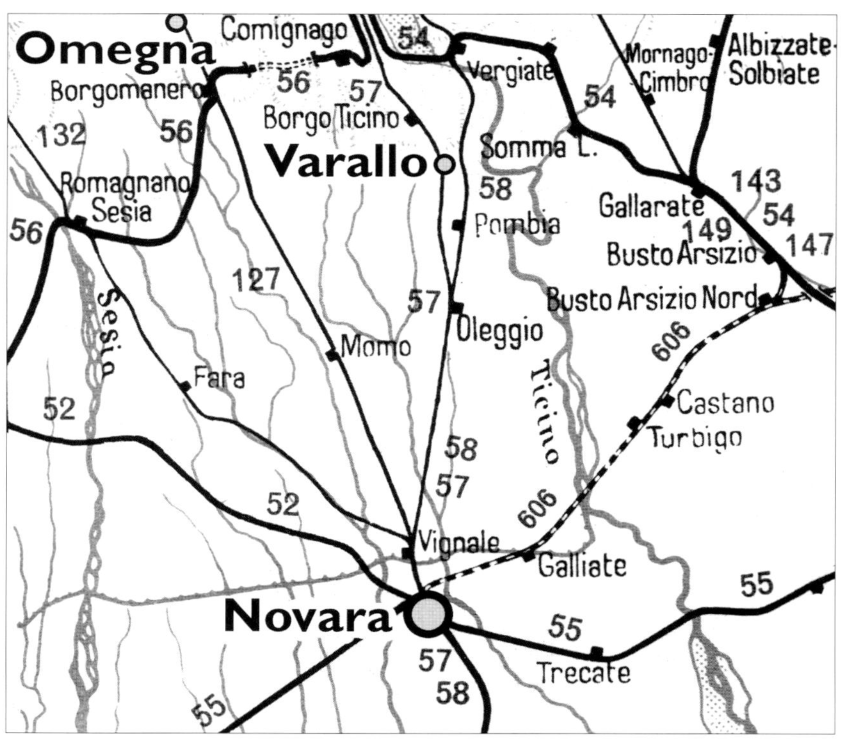

254

255

25

257

25

253 Zwanzig Monate später konnte ich noch einmal in Biella Lokomotiven der Baureihe 740, diesmal sogar in Doppeltraktion auf den Film bannen.
254 Abfahrt in der Abenddämmerung. Der Lokführer freut sich über den Fotografen und legt einen Kavaliersstart hin. Das Licht reichte tatsächlich noch aus!
255-258 Auf dem Nebengleis wird eine 1915 von Breda gebaute Tenderlok der Klasse 880 vor den Zug nach Varallo gespannt. Die Abfahrt fällt schon in die Dunkelheit.
259 Den letzten Zug mit 640 Doppeltraktion erwischte ich am 6.12.74 zwischen Novara und Biella. Es war der Abschied von den Dampflokomotiven des Bahnbetriebswerkes Novara!

Die wenigen Bilder geben trotzdem einen guten Eindruck von der Eigenart italienischer Dampflokkonstruktionen. Besonders auffällig ist dabei die aus deutscher Sicht bei der Baureihe 740 gewählte Innensteuerung. Das Äußere dieser Vor-Weltkriegsbaureihe zeigt eine typisch italienische Eleganz, die bei späteren Entwicklungen nicht immer durchgehalten wurde.

259

260

261

Lokomotywownia I. Kl. Pyskowice
Dampfzentrum Peiskretscham im ehemaligen Oberschlesien

Peiskretscham? Wer kennt einen solchen Ort heute noch? Und doch war es einmal ein wichtiges und für die damalige Zeit großes Bahnbetriebswerk im ehemalig preußischen Oberschlesien. Es hat – wie Oberschlesien – in diesem Jahrhundert eine wechselvolle Geschichte durchleben müssen.

Mich führte in dieses Dampfzentrum ein Ausflug, den mein polnischer Freund, der Präsident der *Polnischen Union der Kunstfotografen*, dessen Ehrenmitglied ich war, auf etwas abenteuerliche Weise organisiert hatte. Natürlich brauchten wir eine Genehmigung des Verkehrsministeriums, und das ließ sich wohl absichtlich viel Zeit. Erst am Abend vor der geplanten Tour wurde die Genehmigung telefonisch avisiert. Aber wie konnten wir an die Papiere kommen?

Die Warschauer Ministeriumsfunktionäre kannten offenbar die Krakauer schlecht. Ein Motorrad Rennfahrer der *Polnischen Union der Kunstfotografen* wurde auf die nächtliche Tour von Krakau nach Warschau und zurück geschickt. Er traf gerade noch rechtzeitig in Pyskowice ein. Das Fotoabenteuer konnte beginnen. Der Empfang durch den jungen Chef des Bahnbetriebswerkes I. Klasse (wie die Inschrift an dem alten preußischen Gebäude auswies) war außerordentlich freundlich. Er hatte offenbar viel Freude an der seltenen Abwechslung. Dr. Miloslaw Stibor, mein tschechischer Fotofreund aus Olomouc, fotografierte mich, wie ich die Dampflokomotiven fotografierte. Unser Spaß war perfekt und die Ergebnisse seiner und meiner Fotografie durchaus ansehnlich.

Was tat sich aber an Dampflokaktivitäten? Die vorhandenen Loks gehörten ausschließlich der Baureihe Ty 45 an. Das war eine 1'E h2 gekuppelte Güterzuglok, die hier im Raume Kattowitz-Gleiwitz-Oppeln für alle Arten von Güterzügen in diesem sehr aktiven Industriegebiet eingesetzt wurde. Sie ist eine Entwicklung der polnischen Lokomotivfabrik Chrzanow, die sich eng an die polnische Vorkriegsbaureihe Ty 37 anlehnt. Wie alle polnischen Nachkriegsbaureihen ist es eine leistungsfähige und dabei anspruchslose Dampflokomotive, die nun schon seit 30 Jahren ihren Alltagsdienst in Oberschlesien verrichtete. Die Bilder **260-266** zeigen sie bei der Arbeit.

267 Im letzten Bild hat sich dann doch noch eine andere Klasse in das Bild gemogelt, wie Experten sicher unschwer feststellen werden. Eine Ty 246, eine 1'E h2 Lok, die bei Baldwin gebaut, aus einer Hilfslieferung der USA stammt.

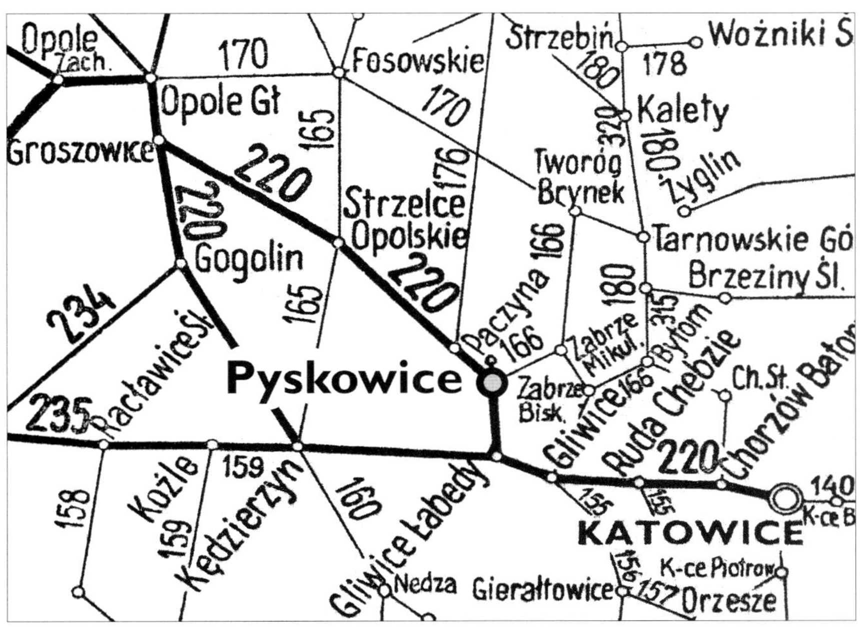

262

26

264

26

266

267

268

Strecken der South African Railways
Steam at its best zwischen Atlantik und Indischem Ozean

Anfang der 70er Jahre war der Dampfbetrieb in den meisten europäischen Ländern schon entweder ganz eingestellt oder aber auf kleine Reststrecken zusammengeschmolzen. Die echten Eisenbahnbegeisterten aber wollten nicht so schnell aufgeben. Gab es etwa außerhalb Europas noch Dampfbetrieb wie bei uns in den 50er Jahren? Es gab! Vor allem auf zwei Länder konzentrierte sich das Interesse. Auf Südafrika und auf Indonesien. Ich hatte das Glück, beiden Dampflokzentren zwischen 1972 und 1974 einen ausgedehnten Besuch abstatten zu können. Die folgenden Seiten dieses Buches sollen Sie an den Dampflokabenteuern wenigstens im Bild teilnehmen lassen.

Das Eisenbahnsystem in der Südafrikanischen Republik stellte sich Anfang der 70er Jahre als ein ausgedehntes, sehr aktives und glänzend organisiertes Transportunternehmen dar. Die Aufgaben waren vielfältig. Einerseits mußten die reichen Erz- und Kohlevorkommen zu den Industriezentren und Häfen befördert werden. Andererseits war die Bevölkerung noch in wesentlich stärkerem Maße auf die Eisenbahn als Transportmittel zwischen den weit auseinanderliegenden großen Zentren angewiesen, als dies in Europa der Fall war. Darüber hinaus war die Länge der Personenzüge – und damit das Transportgewicht und die zu erbringenden Leistungen der Lokomotiven – auch durch die strikte Trennung zwischen Weißen und Farbigen in den Zügen bedingt. Die Schnellzüge waren dadurch praktisch doppelt so lang wie bei uns.

Als Spurweite hatte man sich beim Bau der Eisenbahnstrecken auf 3 ft 6 in, die Kapspur von 1067 mm Spurweite festgelegt. Das sparte anfangs finanzielle Mittel und ermöglichte in den bergigen Territorien steile Strecken mit sehr engen Kurvenradien, für die schon frühzeitig sehr bewegliche und leistungsfähige Lokomotiven beschafft wurden.

In Europa würde man eine Spurweite von nur gut einem Meter als Schmalspur deklarieren. Wenn man allerdings unvorbereitet mit der Vorstellung einer hiesigen Schmalspurbahn – der immer etwas spielzeughaftes anmutet – die South African Railways besuchte, sollte man eine großartige Überraschung erleben. Was in Südafrika (und später auch in Indonesien) auf den Schienen der Kapspur läuft, gehört zu den technisch ausgereiftesten und leistungsfähigsten Eisenbahnen der Welt!

Die South African Railways (SAR) wurden schon 1910 als Zusammenschluß der früheren Cape Government Railways (CGR), der Natal Government Railways (NGR) und der Central South African Railways (CSAR) gegründet. Dampflokomotiven aus der Gründungszeit standen auch 1972/73 noch im Einsatz. Die Chefingenieure der drei Ursprungssysteme beeinflußten auch nach dem Zusammenschluß noch die Konstruktion der Dampflokomotiven.

Der Dampflokbestand der SAR teilte sich Anfang der 70er Jahre auf folgende Haupttypen auf:

· Alte Barrenrahmen 2C1 und 2D1 Maschinen	528
· Leichte 2D1 und 2D2 Maschinen	438
· Schwere 2D1 und 2D2 Maschinen	671
· Moderne Garratt Maschinen	161

Das ergibt einen Bestand von rund 1800 Dampflokomotiven, der betriebsfähig und zumeist in makellosem Zustand gehalten wurde.

Für Europäer besonders interessant war aber die Tatsache, daß fast alle Maschinen von europäischen Lokfabriken geliefert worden waren. Darunter vor allem von North British, Beyer Peacock, Henschel, Schwartzkopf, Krupp, Borsig, Maffei und Hanomag. Im Laufe der Jahre wurden an die 1000 Dampflokomotiven allein von deutschen Lokfabriken für die SAR gebaut.

269

268 Zwei schwere GMAM Garratt Lokomotiven der Achsfolge 2'D1'+1'D2' mit zwischengereihten Wassertankwagen verlassen Pietermaritzburg auf ihrer schwierigen Fahrt nach Greytown. Wenige hundert Meter weiter beginnt ein 11 Kilometer langer steiler Aufstieg mit 52 engen Kurven, der bei schweren Güterzügen auch von dieser Doppeltraktion nur mit Mühe gemeistert werden kann. Zur Freude natürlich der Eisenbahnfotografen, die entlang dieser Strecke Garratt Lokomotiven mit voll geöffnetem Regler erleben können.

269 Doppeltraktionen konnten aber auch planmäßig in flacheren Gefilden beobachtet werden. Zum Beispiel auf der doppelgleisigen und vielbefahrenen Strecke von Bloemfontein nach Kroonstad. In Glen hat ein schwerer Kohlenzug einen Zwischenstop zum Wasserfassen eingelegt. Jetzt beginnt die Weiterfahrt Richtung Süden. Das Ausfahrtsignal zeigt Fahrt frei. Merken Sie, daß die Signale für uns Deutsche scheinbar auf der falschen Seite stehen? Richtig, denn in Südafrika gilt auch bei der Eisenbahn der Linksverkehr mit einem vom ehemaligen Mutterland stark beeinflußten Signalsystem.

Eisenbahnfotgrafen müssen sich in Südafrika schnell daran gewöhnen, daß vieles anders ist als auf dem europäischen Kontinent. Die Signale stehen links von der Strecke, die Züge fahren auf zweigleisigen Strecken links – und am wichtigsten – die Sonne steht mittags im Norden. Ganz abgesehen von den verdrehten Jahreszeiten. Bei meinen Besuchen Anfang Oktober war der Frühling gerade angebrochen!

270 Zur Einstimmung sehen Sie auf der rechten Seite einige charakteristische Loktypen der SAR. Den Anfang macht eine aus deutscher Sicht besonders markante 2'D2' h2 Lok für den schweren Schnellzugdienst in bergigem Gelände. Schwungräder von 1,58 m ermöglichen einerseits eine relativ hohe Geschwindigkeit, andererseits gestatten sie aber auch noch das Durchfahren von Kurvenradien von nur 100 m.

Von dieser Klasse 23 wurden 1938/39 136 Maschinen ausschließlich von Schwartzkopf und Henschel geliefert. Sie bedienten 1972/73 vor allem die von Bloemfontein in alle Richtungen ausgehenden Strecken:

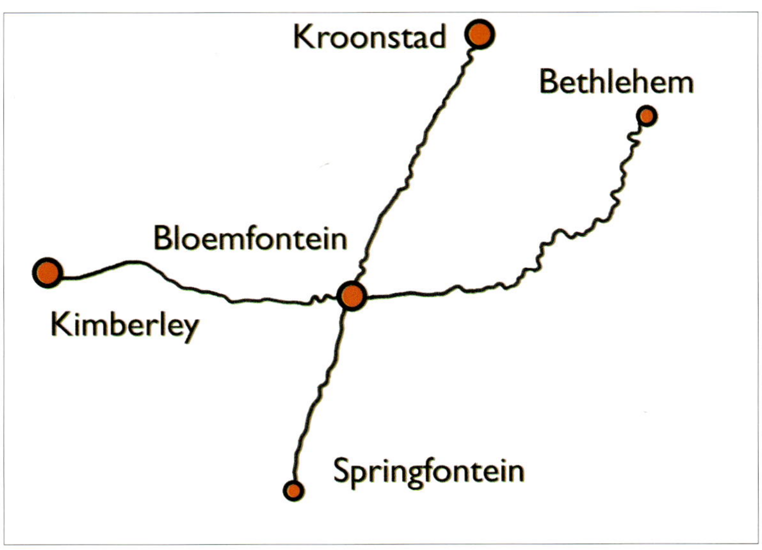

271 Rechts danaben sehen wir einen typischen Vertreter der vom Chefingenieur Hendrie (zuerst NGR, dann SAR) konstruierten Dampflokomotiven, ersichtlich an dem tief gelegten Umlaufblech. Die Klasse 16CR war ursprünglich eine kleine Pazifikmaschine (2C1)für den leichten Schnellzugdienst. Die hier zu sehende Lok 816 war im Depot Germiston beheimatet und diente der Beförderung von lokalen Güterzügen.

272 Darunter beginnen wir mit einer modernen Lokomotive für den leichten Verschiebedienst mit der Achsfolge D. Wie alle anderen Maschinen dieser Klasse wurde auch die hier wiederum im Depot Germiston nördlich von Johannesburg gesehene Lok 3783 von Krupp in den Jahren 1952/53 erbaut.

273 Noch einmal ein Vertreter der Baureihe 16CR. Diese wie für das Museum aufgeputzte Lok 825 entstammt einer Lieferung von North British aus dem Jahre 1921. Wie alle anderen Maschinen dieser Baureihe erhielt sie später einen Standardkessel mit weiter Feuerbüchse. Die ursprünglich als Baureihe 16C geführte Lok wurde dabei in 16CR umbenannt. Jetzt war sie im Vorortverkehr zwischen Port Elisabeth und der VW-Stadt Uitenhage eingesetzt. Können sie sich erinnern, 1973 je eine ähnlich gepflegte deutsche Vorkriegslok im Alltagseinsatz gesehen zu haben?

274 Für den schweren Verschiebedienst konstruierte und baute die SAR 1947 die Klasse S 1, eine D-gekuppelte Heißdampflokomotive. Es war die einzige Klasse, die von den Salt River Works in Südafrika erbaut worden ist. Auf unserem Bild sehen wir die Nr. 3822, die 1954 von North British nachgeliefert wurde und am 9.10.72 im Depot Germiston zu finden war.

275 Krönung und Abschluß der südafrikanischen Dampflokentwicklung war die Baureihe 25, die 1953 in Zusammenarbeit mit Henschel konstruiert wurde. Eine für die Kapspur riesige Lokomotivtype der Achsfolge 2'D2' mit sechsachsigem Kondenstender und einer Länge von über 35 m über Puffer gemessen. Hat so eine Maschine auch nur noch die geringste Ähnlichkeit mit einer Schmalspurlok europäischer Typen?

Trotz der Erfahrung der Henschel Konstrukteure, die noch vom Bau der Kriegslok Baureihe 52 mit Kondenstender herrührte, zeigte die Lok viele Kinderkrankheiten. Wohl auch deshalb erfolgte der Bau der Serie durch North British, während Henschel die als 25NC bezeichnete Abwandlung mit sechsachsigem Kohletender zugeschlagen bekam, nachdem die erste Ausführung dieser Loktype wiederum von North British gliefert war.

Auf dem Bild sehen wir die 25 mit Kondenstender im Depot Bloemfontein. Sie wurde von dort meist vor Güterzügen nach Kimberley eingesetzt. Hauptaktionsfeld dieser Baureihe mit und ohne Kondenstender war die Rennstrecke zwischen Kimberley und Beaufort West über De Aar mitten durch die trockenen Landstriche der Karoo, in der keine Wasserstellen verfügbar waren.

270

271

72

273

74

275

276

277

278

279

Die folgenden vier Seiten sind Szenen aus den riesigen Dampflok Depots von Bloemfontein und Germiston gewidmet. 1972 und 1973 hatte ich das Glück nach Vorträgen auf der Jahrestagung der Photographic Society of South Africa (deren Hon. Fellow ich war) jeweils einige Tage der Dampflokfotografie frönen zu dürfen. Jedesmal begann der Einstieg im Depot meines Freundes und großartigen Eisenbahnfotografen Charly Lewis, einem Diplomingenieur der SAR, der als Dampflokenthusiast ausgerechnet für die Elektrifizierung der Strecken um Bloemfontein zuständig war.

Auch nach wundervollen Erlebnissen bei der Dampflokjagd in Europa war der erste Anblick des riesigen Depotgeländes mit 20, 30 großen, in Dampf eingehüllten Lokomotiven, deren Kessel in der Sonne makellos glänzten, immer wieder überwältigend. Schmerzhaft wurde man daran erinnert, daß alles was man in Europa noch sehen konnte, nur noch die letzten Reste einer in Wirklichkeit längst schon vergangenen Epoche waren. Die Dampflokära war unwiderruflich zuende. Auch schon bald in Südafrika. Nur vier Jahre später sollte von all dem aufregenden Alltagstreiben im Depot Bloemfontein nichts mehr übrig sein. 1976 wurden auch die Hauptstrecken, denen Bloemfontein seine Eisenbahnbedeutung verdankte, elektrifiziert.

1972/73 aber bot dieses Depot für Dampflokfreunde noch einen faszinierenden Anblick. Täglich wurden in den weiträumigen Anlagen rund 150 Dampflokomotiven gepflegt, wiederaufgerüstet und zu neuen Fahrten bereitgestellt. 24 Stunden rund um die Uhr. In meinem Stadthotel konnte ich nachts mit den wundervollen Geräuschen einer vergangenen Zeit in den verdienten Schlaf sinken. Der Tag begann früh. Punkt 6 Uhr holte mich Charly zur Eisenbahnjagd ab. Es war noch stockdunkel. Aber ab 6.30 Uhr begann die Fotografie. Dämmerung war in diesen Breiten unbekannt!

280

281

282

283

284

285

28

276-279 Glänzende Lokomotiven im Depot von Bloemfontein. Maschinen der Baureihen 23 und 15F werden beim Aufenthalt im Depot entschlackt, mit Kohle und Wasser versorgt, von schwarzem Personal geputzt (der Dienst auf den Lokomotiven war damals noch den Weißen vorbehalten!) und zur nächsten Fahrt in makellosem Zustand wieder bereitgestellt. Dampflokbetrieb in bestmöglicher Qualität! Lokomotiven, die aussahen wie im Ablieferungszustand. Von Stammpersonalen liebevoll gepflegt. So ging es vor dem Krieg auch einmal in den Deutschen Bw's zu!

280 Eine ähnliche Szene aus dem Depot Germiston. Zwei Verschiebeloks der Klasse S warten auf ihren nächsten Einsatz.

281, 282 Noch einmal zwei Szenen aus Bloemfontein. Maschinen der Klassen 23 und 15F, ganz vorn auch eine 15E mit Ventilsteuerung, werden gewartet und zur nächsten Fahrt bereitgestellt. Wo sonst in der Welt konnte man Anfang der 70er Jahre noch solche Szenen sehen und fotografieren?

283 Loks 12A 1524 sowie S 1 3822 am 9.10.72 in Germiston beim Entschlacken.

287

288

289

290

284 Eine Maschine der Klasse 15F begibt sich im Depot Bloemfontein am 5.10.72 zu ihrem Zug nach Bethlehem.
285 Bei der SAR ist vieles anders als in Europa. Zum Beispiel die Wasserkräne. Die Gleise werden von einer Wasserleitung überspannt, in der über jedem Gleis Stutzen mit Schieber angeflanscht sind. So sind viele Gleise einfach mit Wasser zu versorgen. Am 12.10.72 im Depot Capital Park bei Pretoria aufgenommen.
286 Im Depot Germiston simmert eine Lok der Klasse 12A vor sich hin. Ihr Zustand signalisiert das nahe Ende.

287-290 Die Bilder dieser Seite zeigen wiederum eine Einrichtung, die uns Europäern Respekt einflößt. Waren wir schon von den großen Kohlebansen der deutschen Bahnbetriebswerke beeindruckt, so erregten die Bekohlungsanlagen der großen südafrikanischen Depots unverhohlene Bewunderung. Sie waren riesig hoch und wurden mit einem Kohlenzug befahren, der von einer Lok der Klasse 24 die steile Rampe hinaufgedrückt wurde. Wir konnten uns kaum eine Vorstellung machen, wieviele Tonnen Kohle pro Tag von 150 Loks verfeuert wurden!

291

292

293

294

291-294 Vom Depot Bloomfontein im Orange Free State aus machen wir einen Sprung ins Zentrum der Garratt Lokomotiven in Natal, nach Pietermaritzburg mit seinem berühmten Depot Masons Mill. Garratt Lokomotiven werden in Südafrika überall dort eingesetzt, wo steile Bergstrecken enge Kurvenradien erfordern und deshalb starke und sehr bewegliche Maschinen notwendig sind. Die großen GMAM Loks werden oft in Doppelbespannung eingesetzt, wobei zwischen den beiden Loks zwei Wassertankwagen eingereiht werden.

295 Zwei Garrats in Doppelbespannung mit zwischengereihten Wassertankwagen verlassen gerade mit lautem Getöse den Bahnhof von Pietermaritzburg und begeben sich mit ihrem Güterzug auf die steile Bergfahrt nach Georgetown. 11 Kilometer permanente Steigung mit extrem engen Kurven erwarten den Zug in der kommenden halben Stunde.

Für uns Europäer ist es ein faszinierendes Schauspiel, diese so offensichtlich hart arbeitenden, in ihrem Anblick ungewohnten Maschinen, bei Ihrer Bergfahrt zu verfolgen.

295

296, 297, 299 Die folgenden Bilder zeigen Aufnahmen von einer der Rennstrecken der SAR. Auf dieser doppelspurigen Trasse von Bloemfontein nach Norden, fuhren Anfang der 70er Jahre täglich noch über 100 dampfgeführte Züge vorbei. Wegen einiger Steigungen mußten viele von ihnen in Doppeltraktion geführt werden. So wie hier am 5.10.72 Kohlen- und Erzganzzüge mit 15F Doppelbespannung bei Bloemfontein.

298, 300-302 Der bekannteste Aussichtspunkt dieser Strecke liegt bei Karee. Am 06.10.72 führt eine wie neu aussehende 15F einen Güterzug mit leeren Kohlenwagen gen Norden. Nur wenige Minuten später folgt ein weiterer, diesmal von 15F in Doppeltraktion gezogen. So folgte in der Stunde nach Sonnenaufgang in kurzen Abständen ein Zug dem anderen.

303 Der morgendliche D-Zug aus Kroonstad hat am 06.10.72 gerade die Station von Glen auf dem Wege nach Bloemfontein durchfahren. Es führt ein Lok der Klasse 23.

304 Kurze Zeit später begegnet uns ein 1000 t Kohlenzug auf dem Wege nach Bloemfontein mit 15F Doppeltraktion.

296

297

298

299

300

301

302

303

304

305

306

30

305-307 Für europäische Besucher besonders faszinierend und zuerst gewöhnungsbedürftig sind die vielen für die Kapspur mit ihren engen Kurven entwickelten Gelenk-Dampflokomotiven nach dem System Garrett. Ein typisches Einsatzgebiet war die Strecke von Worcester nach George immer in der Nähe der berühmten Garden Route, das die Klasse GMA dominierte. Am 11.10.73 begegnete uns vor dem Hintergrund der Langeberg Mountain Range ein Morgengüterzug zur Eingewöhnung.
308-313 Von George nach Oudtschoorn übernahm dann die Klasse GEA die durchgehenden Züge über den Montagu Paß, zu dem sich die Geleise von beiden Seiten des Passes hunderte von Metern in steilen Kurven ins Gebirge hinaufschrauben mußten. Enge Ausweichstellen ermöglichten das Passieren von zwei Zügen auf der eingleisigen Bergstrecke und dienten auch der Ergänzung von nach anstrengender Bergfahrt schon bedenklich zur Neige gehenden Wasservorräten.
314, 315 In Natal ist Pietermaritzburg das Zentrum steiler Bergstrecken, für die seit ihrer Einführung Garratt Lokomotiven im Einsatz standen. Besonders die Strecke nach Greytown hat es in sich. 11 km sind in ununterbrochener Steigung mit 52 engen Kurven zu bewältigen. Dabei bietet sich auf halber Höhe bei der Ausweichstelle City View ein herrlicher Blick auf die vor der fernen Kulisse von Pietermaritzburg in einer Hufeisenkurve sich aufwärtsarbeitenden Züge. Am 19.10.73 mühen sich eine GMA und eine GF mit ihren Zügen den Berg hinauf.
316, 317 Eisenbahnerlebnisse ganz anderer Art bietet die Vorortstrecke von Port Elizabeth nach Uitenhage, dem Standort des südafrikanischen Volkswagenwerkes. Die häufig verkehrenden Züge wurden 1973 von der Baureihe 16CR befördert. Niemals habe ich Pazifik-Maschinen gesehen, die von ihren Stammpersonalen in ähnlich gepflegtem Zustand gehalten wurden. So sahen früher die Dampfloks auch bei uns aus!

08

309

10

311

12

313

314

315

316

SLEGS OOR DIE BRUG
NET BLANKES
BY THE BRIDGE ONLY
WHITES ONLY

317

164

319

320

321

322

323

324

318, 319 Abschiedsfahrten gab es in Südafrika auch schon Anfang der 70er Jahre. Am 10. Oktober 1973 veranstaltete die Railway Society of South Africa eine Fahrt mit der 8B 1132, die extra den ursprünglichen Anstrich der CGR erhalten hatte. Mit viel Enthusiasmus ging es die steilen Kurven zum Sir Lowry's Paß hinauf. Doch schon bald endete die Fahrt in einer großen Dampfwolke und starkem Schleudern. Die 8B war sichtlich überfordert und eine bereitstehende Garratt-Lok mußte den Zug schließlich über die steilsten Passagen hinaufdrücken.

320-323 Eine der schönsten Strecken Afrikas läuft von George nach Knysna entlang des indischen Ozeans und über interessante Brücken wie die Kaiman River Bridge. Lokomotiven der Klasse 24 führten vor allem Güterzüge für den regen Warenverkehr von und nach Knysna, einem Zentrum der Holzindustrie.

324 Zum Abschied von Südafrika ein Bild, auf dem gleich 5 international bekannte Eisenbahnfotografen bei der Arbeit zu sehen sind: Charly Lewis, Allan Jorgensen, Bob Schroeder, A. („Dusty") Durrant und Colin Schroeder.

SOUTH AFRICAN RAILWAYS 3024 15F SUID AFRIKAANSE SPOORWEË
SOUTH AFRICAN 805 16BR RAILWAYS
SOUTH AFRICAN RAILWAYS 3647 24 SUID AFRIKAANSE SPOORWEË
SOUTH AFRICAN 366 S RAILWAYS
SOUTH AFRICAN 825 15CR RAILWAYS
SOUTH AFRICAN 975 7 RAILWAYS
SOUTH AFRICAN 1247 1 RAILWAYS
SOUTH AFRICAN 1219 8DW RAILWAYS
SOUTH AFRICAN 1295 1A RAILWAYS
SOUTH AFRICAN RAILWAYS 4148 GMAM SUID-AFRIKAANSE SPOORWEË
HENSCHEL Nr 28607 1957 HENSCHEL & SOHN KASSEL
SOUTH AFRICAN RAILWAYS 4085 GMA SUID-AFRIKAANSE SPOORWEË
SOUTH AFRICAN RAILWAYS 4152 GMAM SUID-AFRIKAANSE SPOORWEË
HENSCHEL
SOUTH AFRICAN RAILWAYS 3473 25 SUID-AFRIKAANSE SPOORWEË
NORTH BRITISH LOCOMOTIVE 1953 No 27333 COMPANY LTD GLASGOW
SOUTH AFRICAN RAILWAYS 2593 GO SUID-AFRIKAANSE SPOORWEË
HENSCHEL Nr 28707 1954 HENSCHEL & SOHN KASSEL
SOUTH AFRICAN RAILWAYS 3822 S.1. SUID-AFRIKAANSE SPOORWEË
NORTH BRITISH LOCOMOTIVE 1953 No 27282 COMPANY LTD GLASGOW

326

327

PNKA: Dampflok Alltag auf Java
Europäische Dampfloks mit japanischen Loknummern

Einer Werbechefin aus Düsseldorf, einem indonesischen General und dem Mercedes-Vertreter in Djarkarta verdanke ich eines der faszinierendsten und abenteuerlichsten Erlebnisse meiner Jagd nach den letzten Dampflokomotiven im Alltagsbetrieb. Ein Zwischenstop auf dem Wege von Neuseeland nach Europa führte mich im Mai 1974 nach Indonesien, dem Land der größten Baureihenvielfalt und der ältesten noch im Regelverkehr tätigen Dampfloks europäischer Provenienz.

Vor allem die für die Kapspur (1067 mm) riesigen Lokomotiven der Bauart Mallet hoffte ich unweit der Hauptstadt Bandung noch vor die Kamera zu bekommen. Mit den ältesten Exemplaren war schon mein Onkel lange vor dem ersten (!) Weltkrieg im damaligen Holländisch Indien rund um Batavia, dem heutigen Djakarta, auf Java spazierengefahren. Was hatten diese Maschinen alles erlebt! Zuerst im Dienst privater und staatlicher holländischer Bahnverwaltungen mit längst vergessenen Nummern, dann im zweiten Weltkrieg nach der Eroberung unter japanischer Verwaltung. Sie gab den Lokomotiven die heute noch verwendeten japanischen Loknummern, die mit großen Buchstaben die Zahl der angetriebenen Achsen bezeichnet. Nach der Vertreibung der Japaner und der Holländer schließlich die PNKA, die staatliche indonesische Bahnverwaltung, die den geerbten Eisenbahnbetrieb unter Aufbietung aller noch vorhandenen Kompetenz mühsam wieder zum Laufen brachte.

Kommentare zu den Bildern

326 Strecke Citjalengka – Cibatu. Auf halber Strecke hat der GmP gerade einen Zwischenhalt in der Station Leles absolviert und begibt sich jetzt mit voll geöffnetem Ölbrenner auf den Weg nach Cibatu.
327 Das Triebwerk einer Mallet-Lokomotive vom Typ 1'CC1'hv4, die neben den schon kennengelernten Garratt-Maschinen zu den bekanntesten Gelenk-Lokomotiven gehört.
328 2'C2' h2t Lokomotive der Klasse C 28, 1921 von Henschel erbaut. Diese Lokomotive galt in Niederländisch-Indien als die populärste Dampflok der damaligen Zeit.
329 2'C2' h2t Lokomotive der Klasse C 27, Erbauer: Armstrong Whitworth, 1922. Ihr Einsatz konzentrierte sich auf die Station Tanahabang, einem Vorort von Djakarta.
330 2'CC v4 Mallet-Lokomotive der Klasse CC 10, Erbauer: Hartmann&Söhne, 1905.
331 1'D1' h2 Lokomotive der Klasse 52, Erbauer: Krupp, 1952. In einer Stückzahl von 100 gebaute letzte Dampflok der PNKA.
332 2'CC hv4 Mallet-Lokomotive der Klasse CC 50. Erbauer: Werkspoor Amsterdam, 1928.
333 2'DD hv4 Mallet-Lokomotive der Klasse DD 52. Erbauer: Hanomag, 1923. Spätere Maschinen auch von der Sächsischen Maschinenfabrik vorm. Hartmann, 1924, wie das Fabrikschild rechts unten ausweist.
334, 335 Am 22. Mai 1974 hatte D 1403 Stationsdienst im für die Hauptstadt Bandung winzigen Bahnhof. Das Verkehrsaufkommen war an drei Besuchstagen verglichen mit europäischen Verhältnissen nur sehr mäßig.
336 Dampflokrelikte im Depot von Tasikmalaya. Hier waren 1974 alle Maschinen vom Typ BB 10, der ersten für die Eisenbahnen von Niederländisch-Indien gebauten Mallet-Lokomotive, in offensichtlich nicht mehr betriebsfähigem Zustand abgestellt. Die in einer Stückzahl von 34 Loks von der Sächsischen Maschinenfabrik vorm. Hartmann und teilweise auch von Schwartzkopf und Werkspoor zwischen 1899 und 1911 gebauten Maschinen galten vor dem ersten Weltkrieg als Musterbeispiele europäischen Lokomotivbaus für die enge Kapspur (1067 mm). Von ihnen hatte mir schon mein Onkel, der von 1912 bis 1914 Leiter der Siemens & Halske Vertretung in Batavia gewesen war, in meiner Kindheit begeistert erzählt. Damals konnte ich mir natürlich in meinen kühnsten Vorstellungen nicht ausmalen, dereinst rund 60 Jahre später vor eben diesen Maschinen in Tasikmalaya stehen zu dürfen.
337 Das Depot von Tasikmalaya beherbergte auch ein Exemplar der Baureihe D 14. Zwar erst 20 Jahre später als die Vertreter der Klasse BB 10 gebaut, aber in einem ähnlich bedauernswerten Zustand.
338 Die Aufnahme der BB 1002, von der Sächsischen Maschinenfabrik 1899 erbaut, ist typisch für die Schätze, die Anfang der 70er Jahre noch allenthalben in Indonesien zu finden waren. Von allen Bahnverwaltungen der Welt ließ sich die PNKA am meisten Zeit mit der Umstellung auf Diesellokomotiven. Das war gar nicht so verwunderlich. Einmal waren fast alle Lokomotiven in den 50er Jahren auf Ölhauptfeuerung umgestellt. Und Erdöl gab es in Indonesien in Fülle. Andererseits spielte der schlechte, die Leistungsfähigkeit der einzelnen Maschinen stark negativ beeinflussende Erhaltungszustand der Lokomotiven, wegen des nur geringen Verkehrsaufkommens auf den vielen Nebenstrecken kaum eine wesentliche Motivierung für die Umstellung auf Diesellokomotiven. Nach dem Abzug der Japaner und Holländer aus Indonesien hatten die zurückgebliebenen – vorher meist in untergeordneten Positionen beschäftigten – Eisenbahner alle Hände voll zu tun, den Eisenbahnbetrieb überhaupt aufrecht zu erhalten. Sie hatten dabei eine aus der Situation heraus verständliche Technik entwickelt, die darin gipfelte, aus jeweils fünf Maschinen der gleichen Baureihe wenigstens eine betriebsbereit zu halten. Mit ihr wurde der Verkehr mehr schlecht als recht abgewickelt. In der Zwischenzeit konnte jeweils eine weitere Lok repariert werden, die dann bei Ausfall der Einsatzmaschine den Betrieb übernehmen konnte. Hilfskräfte waren im Überschuß vorhanden. Die Indonesier waren zu recht stolz auf die unter diesen schwierigen Bedingungen immer – zwar nicht übermäßig pünktlich aber dennoch – funktionierenden Eisenbahnverbindungen auch in die entlegensten Orte der Insel Java. Der Stolz drückte sich in dem oft makellosen äußeren Erscheinungsbild aus, das viele Lokomotiven dem Besucher darboten. Für den europäischen Eisenbahnfotografen war Indonesien zu recht ein begehrtes Ziel.

28

329

30

331

32

333

334

335

36

337

338

339

34

341

34

339-342 Am 22. Mai 1974 starteten wir von Bandung aus schon kurz nach Sonnenaufgang westwärts. Auf teils atemraubenden Straßen mühte sich mein Fahrer mit dem Mercedes nach Ciandjur, einer Station in deren Depot von Hanomag 1921 und Werkspoor Amsterdam 1922 an die Eisenbahnen von damals noch Niederländisch-Indien gelieferte Lokomotiven der späteren Baureihe D 14 beheimatet waren.

Diese starken, von Hanomag aus der Baureihe 93 der DRG abgeleiteten, 1'D1'h2t Tenderlokomotiven besorgten den gesamten Streckendienst zwischen Bandung und Padalarang-Ciandjur-Bogor. Außerdem wurden sie in Bandung zum Verschiebedienst eingesetzt. Im kleinen Depot von Ciandjur konnte man die Arbeitsweise der PNKA Eisenbahner besonders gut beobachten. Aus vielen verfügbaren Maschinen des gleichen Typs wurden immer einige wenige mit Hilfe der anderen, die als Ersatzteilspender dienten, meist mühsam betriebsbereit gehalten.

343 Der Mittagszug von Bandung hat gerade Ciandjur Richtung Bogor verlassen. Unweit von Ciandjur wird auf einer typisch indonesischen Brücke ein Bachbett überquert. Wo könnte man schon bei uns solche Aufnahmen machen? Schwieriger war es schon für den Fotografen bei starkem Wind auf einer solchen Brücke ohne alle Sicherheitsvorrichtungen den Bach zu überqueren. Ich wählte den gefahrloseren Weg durch das Bachbett.

344, 345 Der morgendliche GmP hat gerade den Ausgangsbahnhof Tjitjalengka ungefähr 40 km ostwärts von Bandung verlassen und befindet sich jetzt auf der Strecke nach Cibatu.

346 Die Eisenbahn ist für die vielen Millionen Einwohner der Insel Java besonders in den ländlichen Gebieten das wichtigste Verkehrsmittel, um mittlere Entfernungen in vernünftiger Zeit zurückzulegen. Der Andrang auf dem Bahnsteig eines Zwischenstops ist beträchtlich. Und dabei verfügt unser GmP nur über einen einzigen Personenwagen.

343

347, 349 Den größten Teil der Strecke von Citjalengka nach Cibatu verläuft die Bahntrasse entlang von Reisfeldern, die nur hin und wieder von kleineren Hügeln und einigen Tälern unterbrochen werden. Der Zug kann von der in einigem Abstand verlaufenden Straße immer wieder beobachtet und fotografiert werden, ohne daß bei diesem Alltagsbetrieb in meist flachem Gelände spektakuläre Szenen zu erwarten wären.
348 Kurz hinter Cibatu treffen wir hinter typischen Feldern mit spielenden Kindern einen weiteren GmP auf dem Wege nach Tasikmalaya.
350 Unser schon seit Citjalengka verfolgte GmP mit der CC 5017 folgt in gebührendem Abstand. Wir wollen ihn bis zum Scheitelpunkt in Malangbon, wo er einen entgegenkommenden Schnellzug kreuzen wird, hinauf in das Hügelland weiter begleiten. Längere Aufenthalte auf kleinen Zwischenstationen machen unsere Verfolgung zu einer gemütlichen Tour.

351, 352 Bei den meisten Zwischenbahnhöfen gilt noch ein sehr einfaches System der Streckensicherung. Ein Eisenbahner stellt händisch die Weiche und gibt mit zwei schräg erhobenen grünen Flaggen die Ausfahrt in der gleichen Weise frei, wie bei uns ein zweiflügeliges Ausfahrtsignal.
353 Auf den größeren Stationen gibt es tatsächlich auch Flügelsignale. Sie stehen wie bei uns rechts vom Gleis.
354 Unweit von Cibatu kommt uns ein besonders malerischer Zug entgegen. Dieser lokale Personenzug ist tatsächlich noch mit einer Mallet-Lok der Klasse CC 10, Baujahr 1905, bespannt, die seit fast 70 Jahren unter holländischer, japanischer und jetzt indonesischer Bahnverwaltung ihren Dienst ununterbrochen in dieser Region versieht.
355 Der Anstieg auf das Plateau beginnt. Und jetzt bietet die schon liebgewonnene CC 5017 doch noch spektakuläre Anblicke, als sie mit voller Kraft den Berg erklimmt.

344

34

346

34

348

34

350

351

352

353

354

355

356

356 Der kurze GmP fordert die schon etwas altersschwache Mallet-Lokomotive auf der starken Steigung aus dem Flachland auf den Höhenrücken von Malangbon bis an die Grenze der Leistungskraft. Nicht anders erging es dem Fotografen. War es schon schwierig, meinem sprachungewandten aber willigen und immer hilfsbereiten Fahrer meine ihm als Nicht-Eisenbahn-Interessierten oft unverständlichen Wünsche klar zu machen, so brachte mich die bei 30 °C und 90% Luftfeuchtigkeit dem Zug auf den Schwellen mit schweren Kameras entgegenzulaufenden letzten 1500 m an den Rand des Zusammenbruches. Auch die klimatischen Bedingungen sollten vor der Planung einer solchen Verfolgungsjagd ins Kalkül gezogen werden.

Nur mit letzter Konzentration gelang eine Reihe von Aufnahmen der glücklicherweise sich nur mühsam und langsam heranarbeitenden CC 5017. Dann sackte ich erschöpft neben dem Gleis auf den Hang, und der Zug schob sich langsam vorbei. Aber die Erschöpfung war schnell überwunden, und das Ergebnis rechtfertigte im Nachhinein alle Mühen.

357

357 In der Bergstation Malangbon verabschieden wir uns von dem seit seiner Abfahrt in Cibatu verfolgten GmP mit seiner imponierenden Malletlok CC 5017. In Malangbon ist die Kreuzung mit einem Schnellzug aus Richtung Tasikmalaya geplant. Doch vorläufig ist weit und breit kein Zug zu sehen oder zu hören. Wir warten für meinen Fahrer sicher kaum verständlich auf das mit gerüttelter Verspätung kommende Ereignis.

Das Warten sollte sich schließlich lohnen. Mit eigenartigem scharfen Schlag meldet sich der kommende Zug aus dem Tal. Aber noch liegt ein langer Aufstieg vor ihm, und das Zuggeräusch kommt nur langsam näher. Die Spannung wächst. Welche Lok können wir erwarten? Bald wird es zur Gewißheit: es ist tatsächlich die an diesem Tag einzige betriebsfähige, riesige DD 5203 Mallet-Lok, die sich mit großer Mühe den Berg heraufschiebt. Am Ende sind wir alle glücklich. Der Lokführer ob des geschafften Berges, ich wegen des großartigen Abschieds von der PNKA und mein Fahrer, weil es nun endlich wieder nach Bandung zurückgeht!

358

New Zealand Railways: Dampflok Alltag der besonderen Art

1974 führte mich eine Vortragsreise nach Neuseeland. Natürlich interessierte ich mich auch für die Eisenbahn, die dampfgetriebene versteht sich. Meine neuseeländischen Freunde mußten mir leider berichten, daß der Dampfregelbetrieb schon seit Jahren eingestellt war. Schade! Oder? Für neuseeländische Gastfreundschaft war das noch lange kein Grund, zur Tagesordnung überzugehen. Die Royal Photographic Society of New Zealand hatte sich etwas ganz besonderes für das diese Jahrestagung begleitende Programm ausgedacht: einen Erlebnistag für alle Teilnehmer auf einem der größten Spielplätze für Erwachsene, dem *Ferry Mead Park* unweit von Christchurch auf der Südinsel. Dort hatten die eifrigen Mitglieder dieses Parks alles zusammengetragen, was zum technischen Erbe Neuseelands gehörte: Alte Industriegebäude mit funktionierender Inneneinrichtung, alte Flugzeuge (eine DC 3 wurde gerade zum Fliegen wieder hergerichtet) und...... Sie ahnen es natürlich schon, eine betriebsfähige Eisenbahn, die irgendwo ihren Betrieb eingestellt hatte und mit allem Drum und Dran hier wieder erstanden war.

Auf einer anderthalb Meilen langen Strecke, idyllisch direkt am Wasser entlanggeführt, fuhr eine Lok der neuseeländischen Klasse C einen stilgerechten Personenzug der vierziger Jahre. Zum Abschluß dieses Buches zeigt diese Maschine sehr deutlich den Unterschied zwischen europäischen und in Übersee nach anderen Spezifikationen entwickelten Dampfloks.

Die hier gezeigte C 864 gehört zu einer Serie von Lokomotiven für den Einsatz vor Regionalzügen, die Ende der vierziger Jahre von den Hillside Works der NZR in Dunedin gebaut worden war. Wie herrlich man auf diesem weiträumigen Spielplatz für Erwachsene diesen Oldtimerzug fotografieren kann, das zeigen die Bilder dieser letzten Seiten.

Der *Ferry Mead Park* auf der anderen Seite der Welt ist ein Beispiel für einen ganz anderen Alltag der Dampftraktion, der auf so vielen von Eisenbahnenthusiasten betriebenen Museumsstrecken in Europa und Übersee vollzogen wird. Möge uns dieser neue Alltag lange erhalten bleiben und die Erinnerung an die vergangene Welt der dampfgeführten Eisenbahn wach halten !

359

360

361

362

363

364

365

Bildindex nach Bahngesellschaften und Baureihen

366

365, 366 Heute nur noch Touristenattraktion: eine der schönsten Strecken der SAR, sicher die schönste noch dampfbetriebene Museumsbahn. Von George nach Knysna schlängelt sich die Trasse zuerst entlang der Küste des Indischen Ozeans und überspannt kühn den Kaiman River. Später führt die Strecke vorbei an kleinen Seen vor dem Hintergrund der Blauen Berge.

367 Als Abschiedsfoto wählte ich ein Bild der GySEV aus meiner heutigen Wahlheimat, dem österreichischen Burgenland. Lok Nr. 17 aus dem vorigen Jahrhundert bringt 1976 ungarische Streckenarbeiter, die den Oberbau der alten Verbindung zwischen Budapest und Wien für den elektrischen Betrieb vorbereiteten, zurück nach Sopron. Die Dampftraktion ist zuende. Auch in den entlegensten Gebieten der europäischen Landkarte.

367

Nachwort
Ein Denkmal und ein Dankeschön

Unsere gemeinsame Reise durch die Alltagswelt der einmal so aufregenden Dampflokomotiven und dampfgeführten Züge ist zuende. Sie haben mich ein kleines Stück meines Lebens durch die weite Welt begleitet. Dafür danke ich Ihnen mit meinen vielen Bildeindrücken aus einer jetzt schon lange vergangenen Zeit. Alle, die diese Zeit noch bewußt erlebten, werden sicher bei dem einen oder anderen Bild nachdenklich werden. Ihre Gedanken werden zurückschweifen in eine hoffentlich glückliche Zeit ihres eigenen Erlebens. Vielleicht auch an traurige Ereignisse, die sich wieder in die Erinnerung einschleichen und schon lange in der Vergessenheit verschwunden schienen. Wir merken daran, die Eisenbahn war früher für die meisten Menschen ein ganz wichtiger Teil ihres Daseins. Sie schenkte zum ersten Mal die so sehr ersehnte Mobilität, die Möglichkeit, Menschen an weit entfernten Plätzen zu besuchen oder ferne Landschaften, Länder der Sehnsucht, ohne allzu große Mühen zu erreichen. Die Eisenbahn hat im wahrsten Sinne unseren Horizont grenzenlos erweitert. Auch dafür steht die Dampflokomotive, dieses Relikt aus der Stunde Null der Technik. Sie wurde für Generationen zum Symbol einer neuen Zeit, zum Beweis des scheinbar unaufhaltsamen Fortschrittes.

Vielleicht ist auch das ein Grund, weshalb dieses sehr menschlich scheinende Gefährt mich immer wieder in seinen Bann zog. Vor allem aber war es der gewaltige Eindruck, den schon früh in meiner Kindheit eine anfahrende Dampflokomotive aus der Nähe betrachtet auf alle Sinne ausübte. Es muß ein traumatisches Erlebnis gewesen sein. Anders ist der spätere Wunsch, diese Welt der zuende gehenden Technik wo immer möglich ein letztes Mal aufzuspüren und so gut es in der zur Verfügung stehenden knappen Zeit möglich war, noch schnell im Bild festzuhalten, möglichst viele Aspekte des Dampflok Alltags einzufangen, kaum zu erklären.

Nach meinem ersten Eisenbahnbuch, das der Dampflok Atmosphäre gewidmet war, soll auch dieser Band ein kleines Denkmal für all die vielen Eisenbahner in aller Welt sein, die Zeit ihres Lebens für die Planung, Entwicklung, Konstruktion und den Betrieb dieses einmal einzigartigen Fortbewegungsmittels gewirkt haben.

Einige davon haben mich ein kleines Stück meines Lebensweges als Freunde begleitet. Ihnen verdanke ich besonders eindrucksvolle Aufnahmen, die ohne ihre Fach- und Ortskenntnisse – besonders in den überseeischen Gebieten – nicht denkbar gewesen wären. So entstanden zum Abschluß der Dampflokära noch einmal faszinierende Bilder. Und so erlebte ich in teils weit entfernten Ländern das freundschaftliche Band, das alle echten Eisenbahnfreunde auf geheimnisvolle Weise verbindet. Gestatten Sie mir, zwei von Ihnen – die für viele andere stehen sollen – namentlich zu erwähnen. In Europa wurde der damalige Direktor einer kleinen Bahngesellschaft, die schon sein Vater geleitet hatte, zu einem engen Freund. Hans Edöcs, der burgenländische Menschenfotograf, half mir bei seiner Bahn, der GySEV, zu unvergeßlichen Erlebnissen und Aufnahmen. Seine oft skurilen Erinnerungen aus vielen Jahrzehnten bei seiner Bahn würzten so manchen Abend im Bahnhof von Wulkaprodersdorf. Und in Südafrika war es ein Diplomingenieur der SAR, Charly Lewis, der – selbst ein großartiger Fotograf der afrikanischen Eisenbahnszene – mich mit Rat und Tat bei meinen Aufnahmen unterstützte und so ganz wesentlich zum Erfolg beitrug. Ihnen und allen anderen gebührt ein ganz herzliches Dankeschön. Sie haben in Gedanken an diesem Buch mitgewirkt!

Wiederum gilt dem Verleger Dieter Krone mein herzlicher Dank für seine freundschaftlich-zurückhaltende und dennoch so effiziente Begleitung während der Arbeit an diesem Buche und seinem Mut, auch dieses zweite Eisenbahnprojekt zu realisieren.